# Lektürehilfen

# Jean-Paul Sartre
# « Huis clos »
# « Les Mouches »

von Mireille Cornud-Peyron

bearbeitet von
Hans-Georg Bläsi

Ernst Klett Verlag
Stuttgart Düsseldorf Leipzig
Editions Nathan, Paris

Reihe: Lektürehilfen Französisch

Eine Textausgabe des Werkes ist im Klett-Verlag erschienen (Klettbuch 5984); zusätzlich sind auch 2 Compact-Cassetten (59847) erhältlich.
Die Seitenverweise beziehen sich auf die Folio-Ausgabe Nr. 807, Gallimard. Die mit Sternchen * gekennzeichneten Begriffe werden im Anhang (Lexique, S. 110 f.) erklärt.

Gedruckt auf Papier, das aus Altpapier hergestellt wurde.

Die Deutsche Bibliothek – CIP-Einheitsaufnahme

*Cornud-Peyron, Mireille:*
Lektürehilfen Jean-Paul Sartre, „Huis clos", „Les Mouches" / von Mireille Cornud-Peyron. Bearb. von Hans-Georg Bläsi. – 4. Aufl. – Stuttgart ; Düsseldorf ; Leipzig : Klett ; Paris : Ed. Nathan, 1997
(Klett-Lektürehilfen ; Reihe: Lektürehilfen Französisch)
ISBN 3-12-922415-7
NE: Bläsi, Hans-Georg [Bearb.]

Ernst Klett Verlag für Wissen und Bildung GmbH, Stuttgart
4. Auflage 1997

Umschlagabbildung: Ullstein Bilderdienst, Berlin
Druck: Wilhelm Röck, Weinsberg
Einbandgestaltung: Bayerl & Ost, Frankfurt/M.
ISBN 3-12-922415-7

# Inhalt

## Annexes

# Vorwort

Im vorliegenden Band von «Balises» untersucht die Autorin gleich zwei Stücke von Jean-Paul Sartre, «Les Mouches» und «Huis clos». Das erscheint sinnvoll, da zwischen beiden Texten, etwa zur gleichen Zeit entstanden (1943/44), ein enger innerer Zusammenhang besteht. Wenn Sartre von der Literaturwissenschaft als ein Vertreter der „engagierten" Literatur geführt wird, so heißt das, bei aller schillernden Bedeutung dieses Begriffs, zunächst einmal ganz real ein Sicheinmischen ins politische Tagesgeschehen, ein „Engagement", das Sartre bis ins hohe Alter, oft unter mutigem Einsatz seiner Person, ausgeübt hat. Selten jedoch hat er in seinem Werk die politische Situation so deutlich gemacht wie in «Les Mouches». Das Stück spiegelt die politische Lage im von den Deutschen besetzten Frankreich des Jahres 1943 wider: Die Einwohner von Argos erscheinen als das unter der Besatzung leidende französische Volk, Egisthe und Clytemnestre als Besatzer und Kollaborateur, und Oreste tritt als Widerstandskämpfer auf, zur befreienden Tat auffordernd. Auch die Hölle von «Huis Clos» ist durchaus mit der politischen Erstarrung von Argos zu vergleichen.

Eine noch viel weiter reichenden Gemeinsamkeit zwischen beiden Stücken ist ihre Nähe zur Sartreschen Philosophie, wie sie in seinem ebenfalls 1943 erschienenen grundlegenden Essay «L'Etre et le Néant» zum Ausdruck kommt. Die Autorin kann nachweisen, daß «Les Mouches» und «Huis clos» beispielhaft die Existenzphilosophie Sartres auf die Bühne bringen, alle ihre Hauptmotive als Bühnengeschehen geradezu sichtbar machen und daher wohl alle Begriffe verständlicher, weil bildlicher, darlegen als seine oben genannte theoretische Abhandlung: Die Freiheit, die in der Tat Orestes besteht, die Formen der Unfreiheit, wie sie sich in den Figuren des Pädagogen und Jupiters konkretisieren, die komplexen Objekt-Subjektbeziehungen, wie sie an den drei Personen klar werden. Diese und andere Grundbegriffe des Sartreschen Denkens ver-

sucht der vorliegende Band anhand von ausführlichen Analysen zu erläutern, wobei auch der sprachlichen Seite breiter Raum gewährt wird.
Die Lektüre des Textes soll dabei den Schülern auf dreifache Weise erleichtert werden: durch ein kleines Lexikon für wichtige Begriffe der Interpretation sowie der griechischen Orts- und Personennamen und ein Verzeichnis der im Text vorkommenden Eigennamen; vor allem aber durch umfangreiche Worterklärungen, wann immer nur möglich auf Französisch, die ein flüssiges Lesen und leichteres Verständnis ermöglichen sollen. Angaben zu leicht erreichbaren Werken, die der weiterführenden Lektüre dienen mögen, runden den schulpraktischen Teil ab.

# La vie de Jean-Paul Sartre

## LIVRES, ÉTUDES, ET PHILOSOPHIE

« J'ai commencé ma vie comme je la finirai sans doute : au milieu des livres »
(*Les Mots*, 1964)

Sartre a 2 ans lorsque son père meurt en 1907. Sa mère se remarie en 1916. La vie familiale lui offrant trop souvent le spectacle des conflits de la vie bourgeoise, il se réfugie dans les livres.

Parisien de naissance, c'est pourtant au lycée de La Rochelle qu'il commence ses études. Revenu à Paris, il entre à Louis Le Grand, puis à l'École normale supérieure en 1924. Reçu premier à l'agrégation de philosophie en 1929, il est nommé au Havre. En 1933-1934, devenu pensionnaire de l'Institut français de Berlin, il étudie de près la phénoménologie d'Husserl (1859-1938), qui enseigne encore à l'Université. À son retour en France, Sartre est nommé à Laon, puis à Neuilly.

En 1939, il est mobilisé, fait prisonnier en 1940, libéré en 1941. Il retrouve son poste à Neuilly, puis la Khâgne de Condorcet où il enseigne jusqu'à la Libération, date à laquelle il quitte l'enseignement, ainsi que Simone de Beauvoir, sa compagne depuis plusieurs années.

## ROMANS, ESSAIS, NOUVELLES ET THÉATRE

Des essais et la publication d'un roman, *La Nausée* (1938), font connaître le nom de Sartre. Sans avoir lu *Les Carnets* du jeune Camus, qui y écrivait vers 1935 : « Si tu veux être philosophe, écris des romans », Sartre applique la formule à la lettre. Il aurait même pu ajouter « et des pièces de théâtre». La liste est longue, de 1943 à 1964. Des essais viennent cependant s'intercaler : *L'Être et le néant* (1943), *L'Existentialisme est un humanisme* (1946), *Qu'est-ce-que la littérature ?* (1948), *Critique de la raison dialectique* (1960), entre autres, ainsi que des romans dont *Les Mots* en 1964 qui est une autobiographie.

## JOURNALISME, VOYAGES, RENCONTRES ET RUPTURES

Ses pièces rendent Sartre très vite célèbre, mais il poursuit son métier de journaliste, commencé dès 1943, avec Camus, à *Combat*. En 1945, il fonde la revue *Les temps modernes* où la polémique, parfois âpre, l'opposa à Gabriel Marcel, qui voyait dans l'athéisme de Sartre la destruction des valeurs morales, aux communistes, au moment de l'invasion de la Tchécoslovaquie, de la Hongrie, et idéologiquement (*Critique de la raison dialectique*, 1960), aux «colonialistes», à propos de l'Indochine et de l'Algérie.

La rencontre avec Camus s'achève par une rupture, en 1952, après la publication par ce dernier de *L'Homme révolté*, en 1951.

Il refuse le Prix Nobel en 1964, se pose en contestataire des abus sociaux, pour les droits de l'Homme, dans le souci d'une plus grande justice. Une pensée très structurée, nettement «de gauche» lui fait épouser la cause des étudiants en 1968. Il fonde *Libération* en 1973. Un premier voyage aux États-Unis, en 1945, suivi de beaucoup d'autres en Afrique, en Islande, en Scandinavie, en Russie, en Chine, en Autriche, élargissent sa connaissance des problèmes humains.

## L'EXISTENTIALISME

Tout au plus pourrait-on dire que pendant les années 50-55, Sartre apparaît comme le chef de file de l'existentialisme. En tous cas c'est lui qui, en restant très libre par rapport à la phénoménologie de Husserl, a bien défini sa position : l'homme ne procède pas d'une **essence originelle** quelconque, il est tout entier dans **l'existence** qu'il lui appartient de construire dans la liberté.

L'engagement est obligatoire, de même que l'action : c'est la seule «voie de salut», si l'on peut ainsi dire. D'où ses engagements polémiques et son théâtre philosophique, fruit d'une réflexion et d'une prise de position sur les problèmes du jour : le racisme (*La Putain respectueuse*, 1946) ; la collaboration et la résistance (*Morts sans sépulture*, 1946) ; la critique de l'anti-communisme (*Nekrassov*, 1955).

## LES DERNIÈRES ANNÉES

Dès 1974, Sartre est très gêné par sa vue déclinante. Il n'en reste pas moins un militant convaincu prenant, socialement et politiquement, des attitudes marquées dans des articles combatifs, publiés dans des quotidiens et des revues. Il meurt au printemps de 1980.

| VIE ET ŒUVRES DE JEAN-PAUL SARTRE | ÉVÉNEMENTS POLITIQUES, SOCIAUX, CULTURELS |
|---|---|
| 1905 Naissance à Paris (21 juin). | 1905 Séparation de l'Église et de l'État. |
| | 1906 Claudel, *Partage de midi.* |
| 1907 Mort de son père. | 1907 Triple Entente. Mort de Jarry. Le Fauvisme. |
| | 1909 Fondation de la N.R.F. Gide, *La Porte étroite*. |
| | 1910 Péguy, *Le Mystère de la charité de Jeanne d'Arc*. Claudel, *Cinq grandes odes*. |
| | 1912 Protectorat français sur le Maroc. Anatole France, *Les Dieux ont soif.* |
| | 1913 Barrès, *La Colline inspirée*. Alain Fournier, *Le Grand Meaulnes*. |
| | 1914 Première guerre mondiale. |
| 1916 Scolarité au lycée Henri IV. Sa mère se remarie. | |
| 1917 → 1919 Études à La Rochelle. | 1917 Valéry, *La Jeune Parque*. |
| | 1918 Fin de la grande guerre. |
| | 1919 Traité de Versailles. Apollinaire, *Calligrammes*. |
| 1922 Retour à Paris. Il entre au lycée Louis-le-Grand. | 1922 Mort de Proust.Valéry, *Charmes*. Gide, *Saül*. → 1940 Martin du Gard, *Les Thibault*. |
| | 1923 Occupation de la Ruhr. Radiguet, *Le Diable au corps*. Jules Romains, *Knock*. |
| 1924 → 1928 École Normale Supérieure. | 1924 Le Manifeste surréaliste. |
| | 1925 Pacte de Locarno. Hitler, *Mein Kampf*. Gide, *Les Faux-Monnayeurs*. Kafka, *Le Procès*. |
| | 1926 Éluard, *Capitale de la douleur*. Aragon, *Le Paysan de Paris*. Mauriac, *Thérèse Desqueyroux*. |
| | 1928 Pacte Briand-Kellog. André Breton, *Nadja*. |
| 1929 Agrégation de philosophie. → 1931 Service militaire. | 1929 Crise économique. Cocteau, *Les Enfants terribles*. Claudel, *Le Soulier de satin*. |

| | |
|---|---|
| 1931 Professeur au Havre. | |
| | 1932 Céline, *Voyage au bout de la nuit*.<br>Anouilh, *L'Hermine*.<br>Assassinat de Paul Doumer.<br>Conférence sur le désarmement.<br>Malraux, *La Condition humaine*.<br>→ 1947 Jules Romain,<br>*Les Hommes de bonne volonté*. |
| 1933 → 1934 Pensionnaire de l'Institut français de Berlin. | 1933 Hitler au pouvoir.<br>→ 1945 Duhamel, *Chronique des Pasquier*. |
| 1934 → 1936 Professeur au Havre. | 1934 Émeutes place de la Concorde.<br>Assassinat du Chancelier Dollfuss.<br>Aragon, *Les Cloches de Bâle*. |
| | 1935 La Sarre opte pour un séjour en Allemagne. Guerre d'Éthiopie.<br>Giraudoux, *La Guerre de Troie n'aura pas lieu*. |
| 1936 *L'Imagination* (essai).<br>→ 1937 Professeur à Laon. | 1936 Front Populaire.<br>Guerre civile en Espagne.<br>Bernanos, *Journal d'un curé de campagne*. |
| | 1937 Malraux, *L'Espoir*.<br>Exposition internationale de Paris.<br>Brecht, *La Vie de Galilée*. |
| 1938 *La Nausée* (roman). | 1938 Annexion de l'Autriche.<br>Conférence de Münich.<br>Artaud, *Le Théâtre et son double*.<br>Brecht, *Mère courage*. |
| 1939 *Le Mur* (nouvelles), *Esquisse d'une théorie des émotions*.<br>Sartre est mobilisé. | 1939 Début de la seconde guerre mondiale. |
| 1940 *L'Imaginaire*.<br>Prisonnier au Stalag de Trêves . | 1940 La France est occupée.<br>Breton, *Anthologie de l'humour noir*.<br>Cocteau, *Les Monstres sacrés*. |
| 1941 Libéré le 1er avril. Professeur au lycée Pasteur de Neuilly. | 1941 L'Allemagne attaque l'U.R.S.S.<br>Les États-Unis entrent en guerre. |
| 1942 → 1944 Professeur de Première Supérieure au lycée Condorcet. | 1942 Débarquement en Afrique du Nord.<br>Camus, *L'Étranger*. |
| 1943 *Les Mouches*; *L'Être et le Néant* (essai).Journaliste à *Combat* auprès de Camus. | 1943 Claudel, *Le Soulier de satin*.<br>Bataille de Stalingrad. |
| 1944 *Huis clos*; *Morts sans sépulture*. | 1944 Débarquement allié en Normandie (6 juin).<br>Camus, *Caligula*. |

| | |
|---|---|
| **1945** Sartre quitte l'enseignement. Voyage aux États-Unis. *Les Chemins de la liberté : I-L'Âge de raison. II-Le Sursis* Fonde *Les Temps Modernes*. | **1945** Capitulation de l'Allemagne. Bombardement de Hiroshima. Capitulation du Japon. Conférence de Yalta. |
| **1946** *La Putain respectueuse ; L'Existentialisme est un humanisme ; Réflexion sur la question juive ; Explication de « L'Étranger » ; Les mobiles de Calder.* Sartre vit à Paris, mais fait de nombreux voyages à l'étranger jusqu'en 1956. | **1946** → **1954** Guerre d'Indochine. |
| **1947** *Jazz 47* (avec Cocteau). *Écrits intimes de Baudelaire* (Introduction) ; *Les Jeux sont faits* (scénario de film) ; *Situations, I* ; *Baudelaire* ; *L'Homme et les choses*. | **1947** Nathalie Sarraute, *Portrait d'un inconnu*. Boris Vian, *L'Écume des jours*. Jean Genet, *Les Bonnes*. |
| **1948** *L'Engrenage* ; *Visages* (illustrations de Wols). *Les Mains sales* ; *Situations, II* | **1948** Bernanos, *Dialogue des Carmélites*. |
| **1949** *Entretiens sur la politique*, avec D. Rousset et G. Rosenthal. *Les Chemins de la liberté, III : La Mort dans l'âme. Situations, III.* | **1949** La France adhère au Pacte atlantique. |
| | **1950** Guerre de Corée. Ionesco, *La Leçon*. |
| **1951** *Le Diable et le Bon Dieu*. | **1951** Beckett, *Molloy*. |
| **1952** *Saint-Genet, comédien et martyr*. | **1952** Beckett, *En attendant Godot*. Ionesco, *Les Chaises*. Marcel Aymé, *La Tête des autres*. |
| **1953** *Kean* ; *L'Affaire Henri Martin* (œuvre collective). | **1953** Robbe-Grillet, *Les Gommes*. Adamov, *Tous contre tous*. |
| | **1954** → **1962** Guerre d'Algérie. Simone de Beauvoir, *Les Mandarins*. Ionesco, *Amédée*. |
| **1955** *Nekrassov*. | |
| | **1956** Affaire de Suez. Invasion de la Hongrie. Camus, *La Chute*. |
| | **1957** Beckett, *Fin de partie*. Butor, *La Modification*. Lancement du premier spoutnik en U.R.S.S. |

| | |
|---|---|
| | **1958** Premier lancement d'un satellite aux États-Unis.<br>Fin de la IVe République (13 mai).<br>De Gaulle élu Président de la Ve République (21 décembre).<br>Ionesco, *Rhinocéros* (à Düsseldorf). |
| **1959** *Les Séquestrés d'Altona.* | **1959** Anouilh, *Becket ou l'honneur de Dieu*. Claudel, *Tête d'or.* |
| **1960** *Critique de la raison dialectique.* | |
| | **1961** Beckett, *Comment c'est.* |
| | **1962** Ionesco, *Le Roi se meurt.*<br>Indépendance de l'Algérie. |
| | **1963** Ionesco, *Le Piéton de l'air.* |
| **1964** *Les Mots. Situations, IV, V, VI.* | |
| **1965** *Situations VII.*<br>*Qu'est-ce que la littérature ?*<br>*Les Troyennes* (adaptation). | **1965** Ionesco, *La Soif et la faim.* |
| | **1966** Genet, *Les Paravents.* |
| | **1968** Événements de mai. |
| | **1969** L'homme marche sur la lune.<br>Départ et mort de de Gaulle. |
| | **1970** Mort de De Gaulle. |
| **1971** → **1972** *L'Idiot de la famille, I, II, III.* | |
| **1972** *Situations VIII, IX.* | |
| | **1975** Ionesco, *L'Homme aux valises.* |
| **1976** *Situations X.*Sortie du film *Sartre par lui-même*, d'Alexandre Astruc. | **1976** André Malraux, *L'Intemporel* (3e partie de *La Métamorphose des Dieux*). |
| **1979** *L'Engagement de Mallarmé.* | |
| **1980** «*L'espoir maintenant*» : entretiens avec B. Lévy, dans *Le Nouvel Observateur* (mars).<br>Mort de Sartre (mai). | |
| **1981** Simone de Beauvoir, *Entretiens avec Jean-Paul Sartre* (de 1974). | |
| **1983** *Carnets de la drôle de guerre* (nov. 1939-mars 1940). *Lettres au Castor et à quelques autres I et II. Cahiers pour une morale.* | |
| **1984** *Freud.* | |
| **1986** Second volume (inachevé) de *Critique de la raison dialectique.* | |

# L'œuvre littéraire

## L'ORIENTATION D'UN PHILOSOPHE

Sartre écrivain est le résultat d'une réflexion et d'un choix que fit très vite le jeune philosophe sorti de l'École Normale. C'est à peine si l'on peut dire que les premiers écrits sont franchement philosophiques : *L'Imagination* (1936) est suivi d'un roman, *La Nausée* (1938), de nouvelles, dont *Le Mur* (1939), mais aussi la même année, *L'Esquisse d'une théorie phénoménologique des émotions*. Après *L'Imaginaire* en 1940, *L'Être et le Néant*, en 1943, marque le choix de Sartre pour les œuvres littéraires.

Cette orientation est capitale. L'étude de *La Phénoménologie* de Husserl le conduit à poser une vision philosophique du monde (la description des choses et de l'expérience humaine telles qu'elles se présentent) comme préalable à l'écriture romanesque ou théâtrale. L'innovation est grande. Car jusque-là de nombreux auteurs écrivaient comme si la liberté existait de toute éternité dans le monde avant qu'ils ne créent leurs personnages. Pour Sartre, c'est l'action des personnages vivant de leur existence* propre qui crée, ou non, leur liberté. *Les Mouches* et *Huis clos* synthétisent cette conception.

## LE PHILOSOPHE ÉCRIVAIN

Des romans, de 1938 à 1949, et, bien entendu, de nombreuses pièces de théâtre, reflètent la réflexion du philosophe.

### Les romans

Après *La Nausée* où le héros, Roquentin, se demande vraiment pourquoi il existe puisque l'existence n'est qu'une angoisse perpétuelle, des nouvelles comme *Le Mur*, où l'existence absurde n'a pas d'autre issue que la mort ou une vie dérisoire, Sartre entreprend d'écrire en quatre volumes *Les Chemins de la liberté* :

*L'Âge de raison* (1945) : À l'été de 1938, un professeur de philosophie, entouré de personnages à la recherche de leur identité, pense à s'engager chez les Républicains espagnols.

*Le Sursis* : au moment des accords de Münich, il faut s'engager politiquement pour de bon.

*La Mort dans l'âme* : c'est la défaite de 1940, le professeur préfigure le résistant, les autres fuient ou collaborent avec les Allemands. Le tome IV n'a jamais été écrit.

## Le théâtre

Pour le grand public, c'est son théâtre qui a assuré la célébrité de Sartre.

Ses héros ont trouvé sur la scène un lieu privilégié : c'est leur langage qui est action en train de s'accomplir. Oreste, Électre dans *Les Mouches*, Inès, Estelle, Garcin dans *Huis clos*, autant de personnages qui fabriquent, ou pour le moins, découvrent leur destin dans l'échange de la parole conflictuelle.

*Morts sans sépulture* (1946) montre que des résistants, des hommes pris dans une situation inéluctable, aux mains de leurs bourreaux, peuvent encore prendre des décisions. L'engagement politique et moral est visible aussi dans *La Putain respectueuse* (1946), où s'affrontent racistes et antiracistes. Dans *Les Mains sales* (1948) le héros, en contradiction avec son parti, préfère la mort aux mains de ses camarades plutôt que de vivre en dehors du parti, donc de le trahir.

*Le Diable et le Bon Dieu* pose un tout autre problème, sauf en ce qui concerne la liberté de l'individu ; le héros Gœtz (la pièce s'inspire de *Gœtz von Berlichingen*, de Gœthe) joue librement à être le diable ou le Bon Dieu envers les populations sur lesquelles il a du pouvoir ; sur un coup de dé, il sauve ceux qu'il voulait massacrer. Y a-t-il une justification morale à une telle attitude ?

Trois pièces suivirent : *Kean* (1953), adapté d'Alexandre Dumas, *Nekrassov* (1955), et *Les Séquestrés d'Altona* (1959).

## L'EXISTENTIALISME. SARTRE CRITIQUE. L'ENGAGEMENT

Parallèlement à toute cette production littéraire de fiction, Sartre philosophe engagé écrit *L'Existentialisme est un humanisme* (1946) et démontre qu'en choisissant l'homme, en qui « l'existence précède l'essence* », il choisit de lui donner la responsabilité et la liberté, donc la dignité.

Le journaliste et critique définit et précise ses positions dans *Les Temps modernes*, qu'il fonde en 1945, ainsi que *Libération* en 1973. Aucun des événements des années 45-80 ne le laisse indifférent. Marxiste mais non communiste, il milite à gauche, polémique avec vigueur. Les sujets ne manquent pas : les guerres d'Indochine, d'Algérie, les événements de mai 68, entre autres. La polémique avec les communistes l'amène à écrire *Critique de la raison dialectique* (1960).

La littérature, les auteurs des XIXe et XXe siècles lui permettent de tracer des portraits originaux et révélateurs de *Baudelaire* (1947), de Jean Genet : *Saint Genet, comédien et martyr* (1952), et de Flaubert : *L'Idiot de la famille* (1971).

Sur la fin de sa vie, Sartre, qui avait écrit en 1948 *Qu'est-ce que la Littérature ?* (*Situations II*), revoit son texte et vérifie l'étroitesse du lien entre un auteur et son époque : la littérature, surtout « engagée », n'a qu'une portée limitée, mais l'engagement reste important.

Il écrit alors *Les Mots* (1964), une autobiographie de son enfance où il montre qu'il est devenu un « autre » par rapport aux projets de l'enfant.

Par la suite, il écrit essentiellement des articles (*Situations IV* à *X*, sur le colonialisme ou le marxisme). Il meurt au printemps de 1980.

# Sommaire des *Mouches*

En Grèce, dans la ville d'Argos, règne Égisthe qui, après avoir assassiné Agamemnon, le père d'Oreste et d'Électre, a épousé la femme de celui-ci Clytemnestre. Refusant d'assumer son crime, il en a rendu responsable tout le peuple et a instauré un régime de peur et de pénitence, en vouant tous les habitants au remords collectif. Oreste a échappé de justesse à la mort au moment de l'assassinat d'Agamemnon ; il revient à Argos, quinze ans après, accompagné de son Pédagogue et suivi par Jupiter qui a pris l'aspect d'un vieillard barbu. Personne ne veut indiquer à Oreste le chemin du palais royal ; seules les mouches en essaim l'accueillent ; elles bourdonnent dans l'air et fondent sur tous les passants. Étonné de cette réalité singulière, le jeune homme reçoit de Jupiter des explications : les mouches sont le symbole des remords qui doivent poursuivre les habitants d'Argos, vêtus de noir depuis le jour du crime, en signe de deuil et de repentir.

Sans le reconnaître, Électre rencontre Oreste qui se présente à elle sous le nom de Philèbe, un jeune Corinthien en voyage à travers le pays ; elle lui décrit sa condition d'esclave, au service du roi et de la reine. Au cours de la cérémonie expiatoire qui commémore l'assassinat d'Agamemnon, où tous doivent se repentir et recevoir leurs morts, censés revenir dans la ville pour une journée et une nuit, Électre, amenée par Oreste à concevoir une autre vision de la vie, s'adresse à la foule et l'incite à la révolte ; mais au moment où le peuple est prêt à la suivre, Jupiter sème la peur par un prodige et Électre est chassée de la cité par Égisthe.

Elle se réfugie dans le temple de Jupiter avec Oreste qui se fait reconnaître et veut l'entraîner loin d'Argos mais après le refus d'Électre, Oreste se rend compte qu'il doit accomplir « son acte » de libération et tuer le roi et la reine. Après les deux meurtres, il rencontre l'hostilité de sa sœur qui refuse de le suivre dans la fuite.

Électre se réfugie auprès de Jupiter et se soumet aux lois religieuses en promettant de se vouer au remords comme le peuple d'Argos. Oreste sort du temple, s'adresse à son peuple en expliquant que son acte de libération lui est aussi destiné ; il prend sur lui tous les remords d'Argos et quitte la ville, poursuivi par les Érynnies, divinités malfaisantes qui persécutent les criminels.

# Les personnages

### Oreste

Fils d'Agamemnon et de Clytemnestre, frère d'Électre, il retrouve son pays, Argos, après quinze ans d'exil. Sa rencontre avec sa sœur est décisive. La haine qu'Électre avoue ressentir pour Égisthe et pour Clytemnestre le conduit peu à peu à percevoir le choix qui lui est offert : continuer à vivre dans une liberté dite « d'indifférence » ou trouver sa place dans sa ville par un acte libérateur, c'est-à-dire l'assassinat du roi et de la reine. Introduit au palais par Électre, il exécute Égisthe, puis Clytemnestre. Poursuivi par les déesses de la vengeance, abandonné par sa sœur, il va au-delà de sa libération personnelle en annonçant au peuple qu'il prend sur lui tous les remords. Il part, suivi des Érynnies.

### Électre

Fille d'Agamemnon et de Clytemnestre, sœur d'Oreste. Courageuse dans l'aide qu'elle apporte à son frère, elle se montre lâche après le crime de celui-ci et l'abandonne Oreste et affirme sa soumission à Jupiter.

### Jupiter

Roi des Dieux (c'est le Zeus grec) qui a tous les attributs de la puissance. Il peut faire disparaître les mouches, anéantir par un prodige les effets sur le peuple du discours d'Électre, mais il rencontre en Oreste un homme qui ose le défier. Cependant pour Électre et tous les faibles parmi les hommes, il existe encore comme un dieu tout puissant.

### Égisthe

Mari de Clytemnestre. Roi d'Argos, il a, lui aussi, les attributs de la puissance puisqu'il a fait partager à son peuple les remords de son crime, le meurtre d'Agamemnon. Maître d'Argos, d'Électre, de Clytemnestre, il avoue à Jupiter sa lassitude du pouvoir et refuse de se défendre contre Oreste.

### Clytemnestre

Mère d'Oreste et d'Électre, femme de feu le roi Agamemnon ; elle est tout entière soumise à Égisthe.

# Résumés et commentaires

## ACTE I – SCÈNE 1

### RÉSUMÉ

Accompagné du Pédagogue, Oreste entre et tente d'engager la conversation avec les vieilles femmes vêtues de noir qui font des libations devant la statue du dieu, mais celles-ci s'enfuient en refusant de répondre. « Pourquoi donc sont-ils venus dans cette ville alors qu'en Grèce la vie est si accueillante ? », dit le maître. « Je suis né ici », répond le jeune homme ; qu'on lui indique la maison d'Égisthe, le roi d'Argos.

Le Pédagogue signale la présence d'un individu (Jupiter, encore anonyme) qui les a suivis sur la route de Delphes, depuis Nauplie. Est-ce une coïncidence ? Ici ce sont les mouches qui accueillent les voyageurs, elles ont même l'air de le reconnaître. L'individu, en fait Jupiter, explique la présence de ces bêtes qui depuis quinze ans sont attirées par l'odeur de la ville ; elles grandissent et auront bientôt la taille de petites grenouilles. Jupiter se présente sous le nom de Démétrios d'Athènes.

Des cris horribles sortent du palais mais l'inconnu apaise l'inquiétude des voyageurs en donnant quelques explications. Ces cris annoncent une cérémonie, la fête des morts.

Au retour d'Agamemnon, à la fin de la guerre de Troie, Clytemnestre, accompagnée d'Égisthe, son amant, s'apprêtait à recevoir le roi sur les remparts. Tous les habitants s'attendaient, bien évidemment, à une mort violente mais comme ils s'ennuyaient, ils ont préféré un drame et gardé le silence. Maintenant l'assassin règne depuis quinze ans.

Alors les Dieux ont envoyé les mouches, symbole du deuil éternel d'Argos, telle cette vieille femme en noir, contemporaine du meurtre. Jupiter l'a condamnée à gagner le pardon du ciel par son repentir : «Oh oui elle se repent et aussi son gendre, sa fille, son petit fils déjà pénétré par le sentiment de sa faute originelle». Mais Égisthe se repent-il ? Peu importe, toute la ville se repent pour lui et chaque année, un bouvier à la voix forte, hurle le repentir de tous ; tout à l'heure on lâchera les morts.

Le peuple d'Argos, dit l'inconnu, est proche du cœur des Dieux. À l'étonnement d'Oreste, Jupiter ne répond pas. Oreste s'enquiert d'Électre, fille d'Agamemnon. Oui, dit Jupiter, elle vit au palais d'Égisthe ; quant à Oreste, on le croit mort.

**COMMENTAIRE**

## Didascalie d'ouverture

Les premières répliques des *Mouches* sont précédées d'indications données par le dramaturge au metteur en scène et aux acteurs. Elles constituent ce qu'on appelle les didascalies* (tout ce que les comédiens ne prononcent pas). Ce sont des notations concernant le lieu de l'action, un détail de mise en scène, un élément du décor. Ici les didascalies préliminaires donnent les indications du lieu, **une place d'Argos**, le second élément est beaucoup plus significatif. La statue de Jupiter, objet du décor est qualifiée, **Dieu des mouches et de la mort** et décrite : **Yeux blancs, face barbouillée de sang**. La deuxième série de didascalies décrit l'entrée en scène des personnages, leurs occupations.

## Une exposition en action

La difficulté technique de la scène d'exposition vient de ce qu'elle doit tenir compte à la fois des exigences de l'information et de l'action : les spectateurs doivent recevoir le plus vite possible les données indispensables à la compréhension du spectacle et en même temps percevoir le mouvement de l'action. Dans *Les Mouches*, Sartre a réussi très habilement à mettre **l'information en mouvement** en ouvrant la pièce sur un débat qui laisse présager le conflit en cours.

## Le dialogue au théâtre

Le langage dramatique est un **langage surpris**; loin d'être spontanées, les paroles échangées par Oreste et le Pédagogue sont écrites par le scripteur pour un public. Le débat qui oppose les deux personnages est donc, du fait même de son écriture, un dialogue à quatre voix :

Auteur dramatique → Oreste ⇆ le Pédagogue<br>
1 → le public ← 2 3<br>
le public<br>
4

Au cours du déroulement du dialogue, le spectateur apprend la raison de la présence à Argos des deux personnages, Oreste et le Pédagogue, et d'un inconnu mystérieux qui cependant explique ce phénomène : la présence insupportable des mouches. Ce dernier annonce ce qui se prépare : une cérémonie religieuse. En deux tirades, Jupiter expose des événements passés justifiant des choses étranges, la couleur noire des habits des vieilles, l'abondance des mouches, le sens de la fête religieuse, sa description. Par la reprise du dialogue, on apprend les noms de quelques personnages, Égisthe, Électre, fille d'Agamemnon, l'existence d'un absent, Oreste, frère d'Électre, et le talent de l'étranger qui s'est présenté sous le nom de Démétrios. Grâce à une formule magique, il peut chasser les mouches.

## L'action

Les longues tirades de Jupiter, riches en informations, loin de ralentir le mouvement de l'action, la dynamisent par la variété de leur contenu et leur organisation.

Les deux récits de Jupiter relatant le retour d'Agamemnon, la rencontre du roi et de la reine, et le meurtre sont dramatisés par des procédés divers : dès la quatrième tirade, le mouvement s'appuie sur les indices d'une succession temporelle qui tient le spectateur dans l'attente. L'appel réitéré du locuteur à son destinataire («vous semblez fatigué ? Voyez-vous; cela vous fâche jeune homme ?»), les intrusions du narrateur dans le récit («c'est dommage») maintiennent en éveil l'attention du public. La mise en perspective de l'arrivée d'Agamemnon perçue dans l'espace (le chemin de ronde) et le temps, s'insère dans une description qui est en même temps un récit.

Les procédés qui font de la deuxième tirade une réussite dramaturgique sont tout autres. Le ton général suscite chez le spectateur intérêt et étonnement. En effet le drame des Atrides est relaté familièrement sans que rien rappelle l'éloquence des tragédies grecques. Tout est ramené à un niveau «commun». Agamemnon était un «bon homme», puis, un anachronisme dans la forme prête à sourire: «une exécution capitale». Enfin un clin d'œil complice au spectateur cultivé, l'épithète homérique dans la qualification de Clytemnestre: «Clytemnestre lui tend ses beaux bras parfumés». La structure de la scène accompagne et souligne le mouvement de l'action.

Le récit des événements passés occupe la première partie de la scène et aboutit à un dialogue entre Jupiter et Oreste sur ce qui se passe le jour même, et surtout sur ce qu'on attend d'une façon imminente («tout à l'heure, quand on lâchera les morts»). On notera également la réaction d'Oreste au moment où Jupiter parle d'Égisthe: «c'était l'amant de la reine».

## Les thèmes

### Le destin des Atrides en suspens

Agamemnon est mort assassiné, Clytemnestre a épousé le meurtrier. Électre est réduite à l'état de servante. Oreste est arrivé mais personne encore ne le sait à Argos.

### Le péché originel

Les gens d'Argos sont de grands pécheurs, «engagés dans la voie du rachat», péché au «fumet délectable» pour les Dieux.

### Le thème de l'ordre

L'ordre de la cité et l'ordre des âmes. Ces deux thèmes, présents dans la première scène ne cesseront de fonder le discours des personnages. Dès la première scène, il convient de souligner le choix délibéré du dramaturge de juxtaposer dans une même scène, dans une même tirade, des propos thématiques de sources différentes et même de conception opposée. Sur un épisode du destin des Atrides se greffe un thème qui lui est totalement étranger, le repentir, le remords, thème lié intimement à la théologie chrétienne. Le thème de l'ordre est traité différemment; c'est dans une tragédie de Sophocle que se situe un grand débat entre Antigone et Créon sur l'exigence totale de l'ordre dans la cité.

## ACTE I – SCÈNE 2

**RÉSUMÉ**

Oreste s'interroge sur l'identité de Démétrios : « Est-ce un homme ? ». Le Pédagogue rappelle à son élève les principes essentiels de son enseignement qu'Oreste met alors en question : il est venu chercher ici des souvenirs car il n'en possède pas un seul ; mais qu'a-t-il fait de tout ce qui lui a été appris ? La culture que le Pédagogue a composée pour lui « comme un bouquet », est une culture qui l'a affranchi de toutes les servitudes et des croyances, qui l'a rendu libre pour tous les engagements, en lui enseignant qu'il ne faut pas s'engager, qui en a fait un homme supérieur « capable d'enseigner la philosophie ou l'architecture dans une grande ville universitaire (...) ».

Certes, Oreste se reconnaît libre et il connaît sa chance mais sans cette éducation, ce savoir qu'il a appris « en exil », il aurait ses propres souvenirs, il aurait vécu dans son palais, il saurait trouver sa porte : mais il ajoute : « allons... je vais te faire plaisir (...) ; nous n'avons rien à faire ici. » Le Pédagogue, maintenant rassuré, pouvait craindre une idée sotte : qu'Oreste eût le dessein de chasser Égisthe. Oui, Oreste en a envie mais rien ne le rattache à ce peuple ; si seulement un acte lui donnait le droit de vivre parmi eux, s'il pouvait remplir son cœur vide du poids de leur malheur, même en tuant sa propre mère... Mais « ce sont des songes, partons », dit-il.

**COMMENTAIRE**

### « L'insoutenable légèreté de l'être »

Oreste apparaît d'abord comme un **homme libre et indépendant** face aux habitants d'Argos déterminés par leurs passions réelles ou mythiques et qui ont dès lors une identité collective. Ils sont esclaves d'un passé qui les tient, qui leur donne un certain poids de réalité mais qui les empêche de vivre, d'agir en toute liberté ; c'est ainsi qu'ils sont voués au repentir depuis la mort d'Agamemnon.

Oreste, dans sa liberté, est face au néant, et il souffre que son passé lui ait été volé. Le Pédagogue qui l'accompagne a nourri sa jeunesse de scepticisme, et son néant, d'un «bouquet» de culture. Cet enseignement détourne de l'engagement aussi bien le maître que l'élève, Oreste est donc libre. Mais cette liberté ne lui apporte qu'une désagréable sensation d'excessive légèreté : «Pourquoi ne suis-je plus lourd ?». «Je ne pèse pas plus qu'un fil et je vis en l'air». Il sent «cette superbe absence» qu'est son âme.

Dans une sorte d'inspiration prophétique, Oreste dit : «Ah! s'il était un acte (...) qui me donnât droit de cité parmi eux». Ces mots, il les dit, sans penser vraiment à leur mise en acte, mais bientôt ceux-ci s'accompliront.

## Les mots clés : liberté – culture – acte

### Liberté

Dès l'exposition, le dramaturge insère ces termes «en situation». Dans le *prière d'insérer* que Sartre a rédigé pour la publication en volume des *Mouches* (Gallimard, 1943) il écrit : «Il ne m'a pas semblé impossible d'écrire une tragédie de la liberté puisque le *fatum* antique n'est que la liberté retournée. Oreste est libre pour le crime et au-delà du crime».

Mais au début de la pièce, Oreste possède une liberté qui n'est que le pouvoir abstrait de survoler la condition humaine, seule liberté intérieure, chère aux philosophes qui ont vu là la possibilité pour l'homme de s'affranchir de l'arbitraire de la destinée. Il faudra suivre, scène après scène, la nouvelle liberté qu'Oreste va découvrir et assumer dans une situation particulière.

### Culture

Le regard de Sartre sur la culture se perçoit dans chaque parole du Pédagogue, faite de clins d'œil ironiques aux fondements et à l'expression de la culture humaniste; «le scepticisme souriant» ne rappelle-t-il pas telle page des *Essais* de Montaigne ? Les philosophies ne revendiquent-elles pas dans leur essence même leur pouvoir libérateur sur l'esprit des hommes ? Peupler la mémoire d'Oreste de noms de villes, de palais, de sanctuaire, des 387 marches du temple d'Éphèse, c'est sourire à la fois de la méthode pédagogique ridicule des précepteurs sophistes de Gargantua, et ironiser sur l'érudition «sorbonicole». Et même dans la tirade suivante, quand le Pédagogue élargit le champ culturel aux vastes lectures, aux lointains voyages, à l'apprentissage de diverses opinions humaines, comment se manifeste, dans la vie du jeune homme, l'accès à cette immense culture ? Par une formule de dérision : «À présent vous voilà jeune et beau (...) affranchi de toutes les servitudes et toutes les croyances (...) libre pour tous les engagements et sachant qu'il ne faut jamais s'engager (...)».

Acte

C'est la première fois qu'Oreste prononce le mot «**acte**» et immédiatement après, il le décrit, le définit, l'analyse. Pour cet acte, il peut aller jusqu'au crime et cet acte l'arracherait à cette liberté qui le rend si léger et lui donnerait une place parmi les hommes, un rôle de «sauveur», qui tout à la fois le «remplirait» : d'une part «légèreté», solitude, «absence», d'autre part, «parmi eux, m'emparer de leurs terreurs, combler le vide de mon cœur», c'est sur ces termes que se fonde l'exposition, et c'est par le mystère de l'accomplissement de leur promesse que l'**exposition se fait action et attente.**

### Le rythme dramatique

La scène est constituée d'une succession de longues tirades qui pourraient ralentir le mouvement, mais le choc de l'opposition maître-élève suscite une discussion très vive, scandée par la présence des mots clés, mis en évidence par la graphie en italiques, et soulignés par le jeu et la diction des acteurs.

## ACTE I – SCÈNE 3

**RÉSUMÉ**

Électre (*portant une caisse, s'approche sans les voir de la statue de Jupiter*) apostrophe grossièrement la statue. Elle vient lui apporter en offrande les épluchures et la cendre du foyer au lieu des précieux dons offerts le matin par les saintes femmes, «les vieilles toupies en robe noire». En ce jour de fête, elle ne peut que lui cracher au visage mais un homme viendra avec une grande épée et la fendra de haut en bas, tout le monde verra alors que le dieu n'est que du bois blanc, bon à brûler. Elle aperçoit Oreste qui se présente sous le nom de Philèbe de Corinthe ; elle, on l'appelle Électre.

## Un monologue classique

La scène 3 s'ouvre sur un long monologue d'Électre, qui se fonde sur un artifice dramatique : le spectateur admet qu'un personnage, seul sur scène, explique à voix haute ses sentiments et ses intentions. Par nature, le monologue a un caractère statique, il entraîne la suspension de l'échange des répliques, donc de l'alternance de parole. Le dialogue d'Oreste et du Pédagogue est interrompu par le monologue d'Électre ; il convient donc que cette longue tirade, amenée sans répliques préparatoires, ne compromette pas le mouvement de la scène. La solitude d'Électre (elle n'a pas encore aperçu Oreste et son maître) et le fait qu'elle ne s'adresse en principe qu'à elle-même permet une attaque directe : « Ordure ! » Quant à la clôture, elle est marquée conventionnellement par l'exclamation de surprise qui suit la didascalie (*elle aperçoit Oreste*) : « Ah ! ».

## La structure

La structure d'ensemble, comme dans les monologues des héros de la tragédie classique ou des personnages de Molière (notamment dans l'acte III, scène 5 et l'acte IV, scène 7 de *L'École des Femmes*) s'articule en deux temps ; dans une première partie, Électre évoque les événements, cause de son émotion : Jupiter et les vieilles femmes, sa manière personnelle de l'honorer par des ordures infectes ; dans une seconde partie, elle exprime ses intentions à partir d'une décision : « Il viendra, celui que j'attends », ce qui fait allusion à un futur proche.

## Les effets du monologue

Pour compenser l'isolement scénique d'Électre, l'écriture du monologue recourt à certains effets. L'apostrophe : « Ordure », « pas vrai », « tiens », « du bois blanc », etc qui s'adresse au locuteur présent (en fait, un objet muet : la statue de Jupiter), crée, par une sorte de dialogue entre le personnage et l'objet, une dramatisation suggestive. Mais les effets les plus saisissants sont dus au **langage cru**, violent, elliptique d'Électre ; c'est avec une familiarité insultante qu'elle s'adresse au Dieu : « avec tes yeux ronds dans ta face barbouillée de jus de framboise ». On peut relever le champ lexical de la vieillesse aux connotations de rejet et de mépris, « les saintes femmes », « les vieilles toupies », « leurs gros souliers », « les relents moisis » ; il s'oppose à celui de la jeunesse qui caractérise Électre, « mon odeur de chair fraîche, jeune, vivante ».

Le monologue a recours constamment au **langage parlé** bien différent du langage des monologues classiques. Nous relèverons simplement les effets de langage les plus courants, remarquables dans les constructions syntaxiques : «va!, dis! tu étais content, hein, croquemitaine, moi aussi je viens, tiens, voilà des épluchures».

## La place du monologue

En dépit de la virtuosité langagière de Sartre, le monologue risque de garder un caractère statique par rapport au dialogue ordinaire. Aussi Sartre s'est-il préoccupé de la place du monologue. Celui-ci est situé, après le faux départ d'Oreste, à l'arrivée d'Électre : il prolonge l'exposition et annonce l'imminence d'une arrivée. Il est suivi, sans aucune interruption, de la rencontre attendue par le spectateur, celle du frère et de la sœur. Tous ces procédés, empruntés au théâtre de tradition, ont une finalité commune, celle de **compenser la nature statique du monologue**, de réduire l'écart qui le sépare du dialogue et par là de ne pas lasser l'attention du public.

## Roquentin et Oreste : personnage de roman et personnage de théâtre

On peut se demander pourquoi Roquentin, personnage de *La Nausée* (1938) et *Oreste* au début de la pièce *Les Mouches* (1944) sont apparemment si différents tout en incarnant les données de la philosophie existentielle, à peu près dans la même période de la vie de leur auteur. Pour Sartre, il est nécessaire de soumettre les données de l'existence à l'analyse d'une conscience vigilante pour souligner ce qu'elles ont d'absurde et de tragique.

*La Nausée* décrit le sentiment de désarroi et de dégoût qui envahit Roquentin, quand les expériences successives de la vie le conduisent à dresser un constat angoissé : la condition humaine est aveuglément vouée à la contingence, à l'arbitraire, donc à une absurdité fondamentale.

Lorsqu'Oreste, à son arrivée à Argos analyse les données de son existence passée, il ne fait pas appel aux termes utilisés par Roquentin. «Le mot absurdité naît à présent sous ma plume (...). Absurdité, encore un mot», (*La Nausée*), mais il dit : «Quelle superbe absence que mon âme».

Les exigences des genres littéraires justifient une présentation différente des personnages ; le théâtre concentre les effets pour captiver le spectateur, le roman, au contraire, dispose de temps pour construire un personnage. *La Nausée* n'est qu'une étape de la création romanesque de Sartre et l'ouvrage entier décrit l'engluement de Roquentin. En deux heures, le personnage d'Oreste doit évoluer, accomplir son «acte», en tirer les conséquences.

Mais ce sont les données socio-historiques qui situent et expliquent les personnages le plus clairement. *Les Mouches*, pièce née de la France occupée et de la Résistance, respire la guerre, le meurtre. Pour devenir un homme libre et libérer sa patrie, Oreste tue l'amant de sa mère et devient même parricide. Par le choix qu'il effectue, Oreste produit son essence en existant; son acte se justifie par la lutte contre l'abus du pouvoir et de la tyrannie: le drame avait une actualité spécifique.

Roquentin choisit sa liberté dans l'écriture d'un roman dont il espère qu'elle le tire de la contingence absurde pour l'amener à la nécessité de l'art qui justifie tout; en 1938, Sartre, témoin de l'angoissante montée des idéologies fascistes, choisissait cependant le «salut individuel» par la création artistique.

## Un nouveau personnage

Annoncée dès la scène 1 par une question d'Oreste, Électre est aussitôt «niée» par Jupiter: «Bah! c'est une enfant», au profit d'un fils, mais «on le dit mort». Le spectateur connaît l'identité du personnage qui va se présenter sous le nom de Philèbe, il a appris le sort d'Agamemnon, la place dans la cité d'Égisthe et de Clytemnestre.

La scène 3 introduit Électre. Le long monologue qu'elle lance au visage de la statue de Jupiter la dépeint tout entière. Sans aucune indication «de psychologie», Électre parle d'elle par rapport aux autres personnages: sans peur devant le Dieu, remplie de haine pour les «vieilles toupies» d'Argos, consciente de sa jeunesse mais aussi de sa faiblesse, elle attend son frère qu'elle présente uniquement par l'action qu'il accomplira: «il tirera son sabre, il te fendra». Notons aussi une réponse significative à la question d'Oreste: «Je n'ai pas peur», le rejet de sa cité dans la réplique suivante: «tout ce qui est étranger à cette ville m'est cher». Tous ces éléments concourent à la construction du personnage et à lui donner sa place dans le réseau.

## La fin de l'exposition

Tout est dit pour que l'action imminente se déclenche: le destin des Atrides, c'est-à-dire la vengeance d'Oreste, la mise en place des personnages liés à l'action, le Dieu Jupiter, les coupables Clytemnestre et Égisthe, le péché et sa punition (les mouches et la fête des morts), le roi

Agamemnon mort; Oreste est là et personne ne le sait encore. L'exposition, excellente dans son déroulement, suscite l'intérêt, la crainte, la curiosité. Comment Sartre utilisera-t-il le mythe ancien ?

## ACTE I - SCÈNE 4

**RÉSUMÉ**

À Oreste, resté seul avec Électre - il salue sa beauté - la jeune fille explique qu'elle est réduite à l'état de servante du roi et de la reine et lui décrit les tâches serviles auxquelles elle est contrainte. Pourquoi ne s'enfuit-elle pas ? lui dit Oreste. « Elle attend quelque chose ou quelqu'un », mais elle refuse de préciser, et c'est elle maintenant qui pose les questions sur les projets du jeune homme, sur Corinthe, la ville d'où il vient, sur le mode de vie des habitants, en particulier celle des jeunes filles, sur la conduite éventuelle d'un « gars de Corinthe » qui, au retour d'un voyage, trouve son père assassiné, sa mère dans le lit du meurtrier : « Que ferait-il, partirait-il ou tuerait-il l'assassin ? ». Oreste ne peut pas répondre. Électre entend alors une voix qui l'appelle, il s'agit de sa mère Clytemnestre, dit la jeune fille.

**COMMENTAIRE**

### L'horreur de l'ici et maintenant

La pièce, rédigée en 1941-42, publiée l'année suivante a été créée en 1943 par Charles Dullin.

Sartre a voulu faire « **une œuvre d'actualité** »; après la Libération, il s'est expliqué : « Pourquoi faire déclamer des Grecs si ce n'est pour déguiser sa pensée sous un régime fasciste ? Le véritable drame que j'aurais voulu écrire, c'est celui du terroriste qui, en descendant des Allemands dans la rue, déclenche l'exécution de cinquante otages » (p. 90 du livre de Contat et Rybalka). Et encore : « Il fallait redresser le peuple français et lui rendre courage ». En principe, *Les Mouches* illustrent ces propos. Conduit par Électre, le dialogue est fondé sur le rappel de la réalité française pendant l'occupation. Dans cette scène, c'est Électre qui parle au nom de la Résistance.

Elle proclame le mépris total de la force ennemie, dénonce la collaboration, l'impuissance momentanée de la Résistance, la soumission humiliante au pouvoir en place, elle exprime l'attente d'un lendemain libérateur et l'affirmation répétée de l'espoir. «Ah, par toute ma vie, j'attends quelque chose.» C'est l'acmé* de la scène.

### Un ailleurs libre et ensoleillé

Une ville libre, des habitants qui communiquent entre eux dans la joie, une qualité de vie exquise (et les jeunes filles de Corinthe ...) et l'essentiel, l'absence de remords qui fait jaillir la liberté d'agir et de penser, tel est l'ailleurs qu'évoque Électre. Mais cette douceur de vivre permet-elle à un homme de s'arracher à sa ville pour accomplir ailleurs (c'est-à-dire ici, à Argos) sa mission de vengeance, demande la jeune fille.

### Le personnage

Les deux scènes introduisent un nouveau personnage dans l'action et donnent à Électre les qualifications qui l'amèneront à s'unir à son frère pour la vengeance. On verra toutefois l'étonnante évolution du personnage.

### L'ironie dramatique

Le dialogue dramatique qui recherche autre chose que la simple communication tend à avoir une valeur esthétique tout à fait remarquable dans cette scène. Cette rencontre attendue du frère et de la sœur, leur première conversation est placée pour le spectateur sous le signe de l'ironie dramatique*. Électre ignore que Philèbe, son interlocuteur, est son frère. Au cours des scènes précédentes, le spectateur a appris à reconnaître l'identité d'Oreste; une complicité l'unit à un personnage face à une troisième personne exclue de ce lien. Tout le dialogue suscite donc dans le public un **double intérêt**, recevoir les informations données dans les répliques mais aussi apprécier ce dialogue «inégal» en quelque sorte et attendre le moment de la reconnaissance.

Les répliques d'Oreste s'adressent à sa sœur, celles d'Électre à un étranger, Philèbe. Or malgré cette **distorsion du discours**, il faut souligner l'habileté du dramaturge à enchaîner les répliques avec naturel et à propos. L'ironie dramatique naît dès la troisième réplique d'Oreste: «Servante? Toi?». – «Qu'est-ce qu'ils te font faire encore?» – «Tu n'as jamais songé à t'enfuir?»; et en particulier, la réplique, sommet de la scène : Électre : « J'attends quelque chose » ; et Oreste de répondre : « Quelque chose ou quelqu'un ».

De plus en plus aiguë, elle se déploie dans la dernière tirade d'Électre : « Suppose qu'un gars de Corinthe... ». Mais le spectateur devra attendre la scène 4 de l'acte II pour qu'enfin toute lumière soit faite entre le frère et la sœur.

## ACTE I – SCÈNE 5

**RÉSUMÉ**

La reine ordonne à Électre de s'apprêter pour la cérémonie. Un conflit éclate entre les deux femmes à propos de la présence de la jeune fille à la fête religieuse : c'est Égisthe qui l'exige. Électre présente Philèbe à sa mère. Elle lui pose des questions sur son âge, ses parents, ses projets et s'étonne de sa venue dans une ville que fuient tous les voyageurs dans la crainte d'être contaminés par le repentir des gens d'Argos ; elle-même avoue sa culpabilité et son repentir. Mais Électre tourne en dérision l'aveu de la reine qui, en fait, ne se repent pas de l'assassinat de son mari mais d'avoir permis l'enlèvement par Égisthe de son fils Oreste, livré aux mercenaires.

Électre reproche violemment à sa mère de ne pas être tourmentée d'avoir fait de sa fille une laveuse de vaisselle. Le ton monte et les deux femmes se jettent leur haine au visage ; ce conflit violent incite Clytemnestre à demander à Oreste, dont elle juge la présence néfaste, de partir. Électre répète qu'elle n'ira pas à la fête car c'est la fête des morts des gens d'Argos et non pas de ses morts... elle paraîtra cependant et Clytemnestre supplie Oreste de partir, au nom de sa mère...

**COMMENTAIRE**

« Il viendra la nuit comme un voleur » – *Nouveau testament*, Apocalypse 3,3.

## Sur le plan dramatique

Pour Électre et Clytemnestre, Oreste n'est que Philèbe, un étranger passant par Argos pour aller à Sparte où il s'engagera dans les troupes mercenaires. Or le spectateur comprend rapidement qu'Oreste est peu à peu perçu, non pas comme le dénommé Philèbe, mais déjà comme «**l'inconnu**» attendu par Électre, craint par Clytemnestre, observé avec un immense intérêt par Jupiter.

Oreste voudrait **se révéler comme le fils vengeur d'Agamemnon** et, sans qu'aucune révélation ne l'annonce, il est déjà présent comme tel dans les scènes 3 et 4, ainsi que le suggère la question de la jeune fille sur «un gars de Corinthe»; (...) «est-ce qu'il sortirait son épée ?»; présent aussi dans les deux répliques du frère et de la sœur: «Un jour la passion va le (ton visage) brûler jusqu'à l'os» et Électre: «Une promesse d'orage ? Soit, cette ressemblance-là, je l'accepte.».

À Clytemnestre, Électre donne encore la version officielle du nom d'emprunt, Philèbe, et agresse sa mère par les données implicites de sa question: «Vous sembliez craindre un autre nom ?». À la fin, même Clytemnestre ressentira la présence de l'étranger comme un danger et dans une réplique, dont l'ironie dramatique est saisissante, elle s'écrie: «Va-t-en, je t'en supplie, par ta mère!». À partir du moment où Oreste entre à Argos, sa présence attendue, redoutée, est manifeste dans le discours dramatique mais toujours implicitement; au spectateur de déceler les signes révélateurs; cette attente, nourrie d'allusions mystérieuses pour les membres de la famille royale, crée une très vive tension dramatique.

## Les thèmes

**La haine**: la haine mutuelle d'Électre et de Clytemnestre parcourt toute la scène, exprimée par la mère: «Tu me hais mon enfant», et par la fille: «C'est ma jeunesse que vous haïssez».

Or, le dévoilement et l'expression de ce sentiment sont suscités par la présence de cet étranger entre la mère et la fille et cela, dans la mesure où celui-ci est déjà pressenti comme celui qu'on attend, comme Oreste.

**La mauvaise foi**: Clytemnestre semble juger sa conduite passée avec lucidité; elle a fait le mauvais choix, le choix de la lâcheté dans la situation qui lui était alors proposée. Maintenant, privée de la liberté de changer les choses, elle traîne ses remords pour une faute «secondaire», l'enlèvement d'Oreste, et non pour avoir épousé le meurtrier de son mari.

Dans le repentir elle cherche un refuge contre sa mauvaise foi qu'elle refuse de reconnaître : « Telle est la loi, juste et injuste, du repentir ».

**Le mélange des tons ou une de ces « gênes exquises »** (Valéry)

« Comme je considère que le théâtre moderne doit être contemporain », dit Sartre mais que la période de l'occupation l'avait conduit à « faire déclamer les Grecs (...) pour déguiser sa pensée sous un régime fasciste (...) », on perçoit dans le langage des *Mouches* une étonnante variété de tons. Certes cette variété était destinée à un public de 1944, un ton constamment tragique eût dérouté et détourné l'attention de la signification de la pièce ; mais on peut se demander quel parti le dramaturge tire des ruptures de ton.

Deux langages s'affrontent et c'est précisément leur affrontement qui fait le drame. À son arrivée, Clytemnestre s'exprime en reine dans les ordres qu'elle donne à sa fille : « Électre le roi t'ordonne de t'apprêter pour la cérémonie ». Soulignons les élégantes tournures interrogatives : « Me regarderas-tu en face ? » (...) « Tu es princesse, Électre (...) ». Et la jeune fille, rompant avec la hauteur du discours de sa mère répond : « Belle princesse qui lave la vaisselle et garde les cochons ! ». Dans la même scène, l'intervention d'Oreste est marquée par la poésie des métaphores* saisissantes destinées à décrire le visage de sa sœur : « (...) Mais il y a sur le tien comme une promesse d'orage : un jour la passion va le brûler jusqu'à l'os ».

Pour Sartre « un mot est un acte, une manière d'agir parmi d'autres manières d'agir, à la disposition du personnage (...) un mot au théâtre doit être (...) défense des droits ou contestation des droits des autres (...) moyen de réaliser l'entreprise (...) ». C'est là exactement la justification des **ruptures de ton** ; Clytemnestre ne peut parler qu'en reine, Électre montre sa révolte par la violence de son langage, et Oreste a recours **aux métaphores** pour laisser prévoir à sa sœur le drame qui se prépare.

Il ne s'agit donc pas pour Sartre de chercher le mot « juste » qui révèle le développement d'un sentiment intérieur mais de **dire le mot qui agit.** Chacun des trois personnages parle et agit selon le moment et la situation. Or ils n'atteignent pas leur objectif par degrés mais ils sont confrontés soudainement à la situation et projetés au paroxysme de leurs conflits ; Électre et sa mère, le jour de la fête des morts, face à Oreste qui connaît leur histoire sans qu'elles s'en doutent, parlent avec violence et brièveté, « en situation ».

# ACTE I – SCÈNE 6

## RÉSUMÉ

Jupiter annonce à Oreste qu'il a pris des dispositions pour son départ, mais le jeune homme dit qu'il ne part plus. Dans ce cas, Jupiter reste en sa compagnie, l'entraîne dans une auberge où ils logeront ensemble. Grâce à sa formule magique, il le débarrasse des mouches, l'assure de son aide efficace comme celle que Mentor offrit à Télémaque. Or qui était ce Mentor ?

## COMMENTAIRE

### Intérêt dramatique

Dernière scène de l'acte, la rencontre d'Oreste et de Jupiter répond à la réplique de Jupiter de la scène 1 : « Jeune homme, allez-vous-en ». La didascalie (*lentement*) annonce la réponse de Jupiter à la décision d'Oreste « Je ne pars plus » et souligne l'intérêt pris par le Dieu à cette situation nouvelle. La didascalie suivante (*un temps*) laisse au Dieu un moment de réflexion qui explique la didascalie (*vivement*) et lance la tirade, remarquable par son contenu et sa place dans la pièce. Jupiter ne quittera plus Oreste, le Dieu accompagne le fils d'Agamemnon décidé à rester à Argos.

Cette sollicitude est présentée par Jupiter comme comparable à celle de Mentor pour Télémaque. Le spectateur peut répondre à la question de Jupiter : Mentor est en fait l'incarnation d'Athéna, déesse de la sagesse. Il accompagne Télémaque dans le voyage destiné à retrouver Ulysse. Dans *Les Mouches* le couple maître-élève est reconstitué, Oreste et Jupiter, devant lequel s'effacera le Pédagogue comme maître à penser et maître d'œuvre.

### Effets comiques

Cet acte suscite chez le spectateur une curiosité et un intérêt mêlés d'angoisse en particulier dans la scène de l'affrontement violent de Clytemnestre et d'Électre; il se clôt sur quelques effets d'un comique léger, le choix des termes de la formule magique : La mouche tsé tsé (source de mort), le ton paternaliste et désuet de Jupiter, et le clin d'œil culturel au spectateur.

# ACTE II
## PREMIER TABLEAU – SCÈNE I

**RÉSUMÉ**

La foule attend le début de la cérémonie. Un enfant s'informe du lieu de passage des morts et quand il avoue sa peur, sa mère lui répond que c'est en ayant peur qu'on devient un honnête homme. Quelques habitants évoquent la fête de l'année précédente, si pénible à vivre, et attendent impatiemment la fin de la fête du jour, l'heure où les morts regagneront leur demeure. L'inquiétude règne, une jeune femme s'impatiente et une vieille lui lance l'explication de sa peur : depuis dix ans elle trompait son mari, mort le printemps dernier. La jeune femme reconnaît sa faute mais son mari, qui ne savait rien, sait tout à présent; il souffre et la hait «et cette nuit... il sera dans mon lit».

*Entrent Jupiter, Oreste, le Pédagogue.* Le Pédagogue est frappé par la laideur des citoyens d'Argos que regardent Oreste et Jupiter. Un homme s'adresse à la foule et lui demande de ne plus tolérer le retard de la cérémonie. Oreste alors veut intervenir : «Quelle folie ! Il faut dire à ces gens...». Mais Jupiter interrompt sa tentative. (*Égisthe paraît sur les marches du temple. Derrière lui Clytemnestre et le Grand Prêtre. Des gardes.*)

**COMMENTAIRE**

### L'univers sartrien

Argos est maintenue par Égisthe et le Dieu Jupiter dans un état de prostration où se mêlent le culte des idoles (la statue de Jupiter décrite dans la didascalie), le poids des prestiges creux, la mauvaise conscience, la peur des Dieux, la résignation et surtout un enfermement qui exclut la relation avec le monde extérieur. Ils sont semblables à des vaincus, soumis depuis quinze ans aux conséquences de cette défaite. C'est là la situation que rencontre Oreste à son arrivée.

Comme le dira Jupiter à Égisthe, les hommes ne savent pas qu'ils sont libres. Or la liberté est l'absence de détermination extérieure qui fait de chaque instant de la vie humaine un choix. Les habitants d'Argos pourraient changer leur défaite en victoire ; cette scène est la représentation de **l'univers absurde et répugnant, le monde des issues fermées, le monde de la souillure.** Les hommes se font «choses» et se renient comme «personnes» ; ils ne sont plus qu'un repentir vivant. Entre eux, aucune circulation de vie, aucune communion, aucune recherche pour trouver dans leur destin d'ensemble, un sens aux échecs individuels, c'est là l'engluement de *La Nausée*, la culpabilité d'exister à la manière des choses. «Pardonnez-nous de vivre» (p. 157).

## La philosophie au théâtre

Cette scène des *Mouches* exerce sur le spectateur une puissante action, suscitée par la représentation de l'univers sartrien. On voit ici comment se transmet, par le biais du théâtre, l'enseignement d'un système philosophique. C'est le talent du dramaturge qui permet d'insérer la vision existentielle du monde dans les contraintes de l'esthétique* théâtrale. Deux éléments dramatisent la succession des confessions : l'entrée différée de Jupiter, d'Oreste et du Pédagogue laisse la place au dialogue de la population d'Argos qui, on le remarque, n'a pas de nom mais une simple dénomination de sexe, de numéro, d'âge et la variété du mode de discours des personnages : les répliques qu'actualise la présence d'énoncés en style direct, le récit de la jeune femme dont la rapidité et la vie sont dues à la juxtaposition de phrases aux métaphores saisissantes («un doux regard de chien reconnaissant... Je l'emmènerai chez moi, roulé autour de mon cou comme une fourrure») et la dernière réplique, conclusion imagée pour traduire l'attente de tous et la solitude de chacun : «et déjà chacun est en proie à ses morts, seul comme une goutte de pluie».

La seconde partie de la scène prolonge la représentation de l'univers philosophique par l'intervention d'«étrangers» qui, de l'extérieur donnent un avis sur l'accablant spectacle du peuple d'Argos : celui du Pédagogue, toujours confiant dans ses certitudes : «Voilà (...) l'effet de la superstition», celui d'Oreste horrifié du spectacle, de l'ignorance de la foule et qui voudrait «dire à ces gens», enfin celui de Jupiter censeur brutal d'Oreste mais admirateur de la douleur des gens d'Argos, incompréhensible aux yeux d'Oreste.

# ACTE II
# PREMIER TABLEAU - SCÈNE II

**RÉSUMÉ**

Égisthe interpelle grossièrement la foule en lui rappelant son «abjection». Électre n'est pas encore arrivée, qu'on aille la quérir de force. «Ôtez la pierre», dit le Grand Prêtre (*qui s'avance alors jusqu'à l'entrée de la caverne*). Il prononce le discours aux morts. S'adressant «aux oubliés», «aux abandonnés», il les incite à «monter du sol», en ce jour de fête, pour assouvir leur haine contre les vivants: «Debout, debout, debout», dit-il à la fin de son discours. Oreste ne peut plus supporter cette cérémonie et veut partir mais Jupiter lui demande de le regarder en face: «Tu as compris, silence à présent». À la question d'Oreste: «Qui êtes-vous?». Jupiter répond: «Tu le sauras plus tard».

Égisthe descend les marches du palais et évoque les morts l'un après l'autre, l'époux d'Aricie qu'elle a bafoué, la mère de Nicias, morte faute de soins, les malheureux débiteurs de l'infâme usurier de Ségeste, les enfants morts privés de joie. «Pitié!» demande la foule mais que va demander Égisthe dont le supplice a commencé: «Le plus grand des morts va paraître, celui que j'ai tué de mes mains, Agamemnon». Oreste insulte Égisthe qui ose utiliser le nom de son père pour ces singeries. Jupiter (*le saisissant à bras-le-corps*), l'arrête dans son geste. Égisthe se retourne et marque sa stupéfaction devant la tenue provocante d'Électre (*Électre est apparue en robe blanche.*)

**COMMENTAIRE**

## Le discours aux morts

Le discours aux morts, figure littéraire liée à une tradition ancienne est présente dans le théâtre contemporain. Elle est utilisée notamment par Giraudoux et Sartre.

Dans *La Guerre de Troie n'aura pas lieu* de Giraudoux (1935), Hector, sur la demande de son père Priam, prononce le discours aux morts de la guerre de Troie; Sartre reprend le même thème pour le même effet, faire éclater l'imposture du genre. Prenant le contre-pied des traditionnels discours, le Grand Prêtre invite les morts à se dresser, fondre sur eux en tourbillon et à les ronger jusqu'aux os : « Debout, debout, debout... ». Ce discours se distingue par l'abondance de procédés rhétoriques qui concourent tous au même effet.

**L'apostrophe** « vous » inaugure et entraîne le discours, suivi d'un groupe ternaire, marqué par la recurrence de groupes consonantiques : oubliés, abandonnés, désenchantés.

**L'accumulation des impératifs d'invitation** (venez, montez, montez, venez assouvir, venez, répandez-vous, faites-nous, voyez, fondez, rongez) suscite chez le spectateur une tension dramatique croissante.

**L'abondance des termes abstraits**, tous rattachés au même champ lexical : « dépit, colère, amertume, vengeance, haine, agonie », rassemble le sentiment général de ces morts à l'égard des vivants qui les attendent dans la terreur. Mais que dire des **métaphores** pour traduire les modes d'apparition des morts, ils sont « brume épaisse, cohortes serrées, vampires, larves, harpies », face aux hommes en vie, « grasses proies vivantes ».

**La didascalie** qui suit la fin du discours prolonge et redouble l'angoisse de l'auditoire : un superbe morceau d'éloquence oratoire.

## L'enfer, c'est les autres

Aricie, Nicias, Ségeste, selon la théologie officielle imposée par Égisthe sont en fait des morts vivants. Ils présentent de grandes affinités avec Garcin, Inès et Estelle, personnages de *Huis clos*. Leur liberté ne leur sert plus à rien, car ils sont figés dans une vie définitivement close par le mauvais choix accompli dans une situation donnée. L'univers sartrien, coupé de l'univers extérieur s'étend dans ses étroites frontières humaines, celles de la ville abandonnée par les voyageurs, celles de la chambre de *Huis clos* sans fenêtres.

Acculés les uns aux autres, rassemblés pour cette fête des morts, les gens d'Argos ne connaissent que leur écœurant désespoir, encroûtés dans une série d'habitudes, de coutumes, dont ils souffrent mais qu'ils ne cherchent pas à changer. C'est en cela qu'ils sont comme morts, c'est-à-dire incapables de briser le cercle d'enfer dans lequel ils vivent. Égisthe leur présente la vengeance éternelle que leur manifestent les morts car eux ne peuvent rien changer « parce que leur compte s'est arrêté pour toujours ». C'est exactement ce que dira Inès à Garcin : « Le trait est tiré, il faut faire la somme. Tu n'es rien d'autre que ta vie ». L'enfer pour Argos ce sont les morts et pour Garcin, c'est Inès et Estelle.

### Le dramaturge poète

Cette scène est remarquable par la qualité du langage dramatique; chaque élément verbal existe en fonction de la situation – le jour de la fête des morts, lié aussi à un modèle – le discours aux morts – la déploration – une scène de théâtre sans heurt, sans conflit, composée d'une succession de tirades entrecoupées par une litanie prononcée par la foule : «Pitié... Pitié», une foule qui accepte la violence, le sadisme et du Grand Prêtre et d'Égisthe. Cet ensemble exige une unité de ton pour que le spectateur prenne part à la cérémonie dans une sorte de communion d'angoisse.

Nous nous intéresserons ici aux plaintes du peuple d'Argos. C'est en poète que le dramaturge compose les répliques des hommes, des femmes et des enfants. Soulignons la formule saisissante répétée par les hommes : «Pardonnez-nous de vivre alors que vous êtes morts»; sans doute peut-on faire un rapprochement avec un élément de la prière du Christ, le *Notre Père* : «Pardonnez-nous nos offenses». «L'offense» du *Notre Père* est devenu «de vivre» dans la litanie sartrienne.

La tirade des femmes a sa beauté particulière dans l'évocation des rites quotidiens et familiers du deuil traditionnel, les «photos», les objets; soulignons aussi la justesse suggestive et poétique des métaphores : «votre souvenir s'effiloche et glisse entre nos doigts», et les connotations liées à la féminité de la comparaison : «vous vous écoulez de nous comme une hémorragie». Enfin les premières phrases des enfants, formules heureuses pour exprimer «la situation» dans son étrangeté : «Nous n'avons pas fait exprès de naître et nous sommes tous honteux de grandir».

## ACTE II
## PREMIER TABLEAU – SCÈNE III

**RÉSUMÉ**

À Égisthe qui lui demande ce que signifie sa tenue, Électre répond que, pour ce jour de fête, elle a mis sa plus belle robe mais c'est un jour de deuil même pour elle, dit le roi. Elle n'a que faire des morts. Qu'est-elle donc sinon la petite fille d'Atrée le meurtrier et n'entend-elle pas les grondements du peuple hostile ? Égisthe prononce alors le nom d'Agamemnon, «son père mort», mais Électre lui dénie avec violence le droit de parler du roi mort, elle sait que son père se réjouit de son bonheur et qu'il essaie de lui sourire dans son visage supplicié. S'adressant au peuple, elle lui décrit d'autres lieux, une autre vie, la joie des mères, fières de leurs enfants. Si elle est sacrilège par sa joie exprimée dans la danse, qu'Agamemnon et Iphigénie lui fassent un signe mais si ses morts l'approuvent, elle réclame leur silence pour témoigner devant la foule que leur cœur lui est acquis. Jupiter alors intervient et par une formule magique met en branle la pierre qui obstruait l'entrée de la caverne, celle-ci roule avec fracas contre les marches du temple. Électre cesse de danser. Le jour de fête interdisant toute punition, Égisthe la chasse de la cité. Jupiter commente l'incident devant Oreste qui l'interrompt par la révélation attendue: «Cette femme est ma sœur, bonhomme!». (*Il sort suivi du Pédagogue.*)

**COMMENTAIRE**

## Tentative d'Électre

Au moment où Oreste fait ce rêve (I, 2), il rencontre Électre dont la situation est l'inverse de celle de son frère. Lui, se plaint du vol de son passé qui l'empêche de prendre sa place dans la ville d'Argos. Électre, elle, est obligée par Égisthe de participer à la vie de la ville, au culte des morts au nom d'un passé qui ne la concerne pas; aussi décide-t-elle de transformer la fête des morts à laquelle convient la robe noire en fête des vivants.

## De quoi avez-vous peur ?

Après la défaite de 1940, bon nombre de Français se laissaient aller au découragement, semblables aux gens d'Argos. «Vous voilà les bras ballants, la tête basse, respirant à peine». Cette défaite morale leur enlève toute envie de vivre une vie d'homme, pleine, forte et joyeuse. Or, ce que leur propose Électre, c'est une libération métaphysique*, morale et matérielle, qui leur donne accès à une vie de liberté, un avenir de bonheur, de paix, de joie pour tous. Voilà ce que Sartre a voulu dire aux Français en leur présentant sa pièce: «l'avenir (bien qu'une armée ennemie occupât la France) était neuf. Nous avions prise sur lui (...)». Mais il faudra attendre l'acte de libération d'Oreste pour que s'accomplisse la tentative d'Électre. Elle est sur le point d'arracher le peuple à son repentir, la foule et Oreste reconnaissent l'importance libératrice de son action. Cet acte de liberté n'aboutit pas, sans doute ne se produit-il pas au moment décidé par le destin. Jupiter intervient, une formule déclenche une manifestation divine hostile et Électre comprend que les paroles ne suffisent pas pour guérir le peuple. Elle est chassée de la cité.

### Intérêt dramatique

Cette scène présente un grand intérêt dramatique. Que va devenir Électre ? Comment Oreste et Électre vont-ils vivre leur reconnaissance ? Que dire de la nature des rapports de Jupiter et d'Oreste ?

## ACTE II
## PREMIER TABLEAU - SCÈNE IV

**RÉSUMÉ**

*Électre sur les marches du temple.*

Oreste propose à Électre de fuir avec lui, à Corinthe; non dit-elle, elle ne peut plus avoir confiance, c'est à cause de lui qu'elle a, un moment, oublié sa haine, dans l'espoir de pouvoir guérir les gens d'Argos, mais ceux-ci aiment leur mal et la violence seule peut les guérir. D'ailleurs elle attend son frère, bien différent de Philèbe. En demeurant pour l'attendre, elle guidera sa vengeance. Et si Oreste ne répond pas à son attente, elle le chassera mais, dit-elle, le petit fils d'Atrée n'échappera pas au destin de sa famille. À ce moment-là, Oreste se nomme : «Électre, je suis Oreste». Elle hésite à croire à cette révélation et refuse de suivre son frère dans la fuite : «Je suis une Atride (...) je reste ici». Oreste, reprenant les mêmes mots, décide de rester à ses côtés.

Électre refuse de charger le cœur de son frère, qu'elle appelle encore Philèbe, du poids de sa haine. Oreste (*accablé*) se reconnaît sans haine et sans amour. Oreste : «J'existe à peine». Malgré l'insistance d'Électre, il ne veut pas partir.

Rester est pour lui la seule chance d'être un homme parmi les hommes. Il restera pour sentir Argos autour de lui et s'y «enrouler comme dans une couverture». Électre, encore une fois, le dissuade: «il ne serait pas reconnu par les gens d'Argos». Oreste demande alors à Zeus de lui manifester sa volonté pour l'éclairer. Jupiter, précédemment apparu, prononce encore une fois une formule magique qui fait jaillir de la lumière autour de la pierre sacrée. Électre se rit de la prière de Philèbe, quand celui-ci, en regardant la pierre, semble comprendre: «il y a un autre chemin», dit-il.

Ce chemin part d'ici, va vers la ville, il lui faut aller jusqu'au fond du trou, jusqu'à sa ville, Électre est «sa» sœur. Mais il doit se lester d'un forfait bien lourd. «Pour arriver au fond d'Argos, la ville est à prendre, je deviendrai cognée et je m'enfoncerai dans le cœur de cette ville». Il sera «voleur de remords», alors, à Argos, il sera chez lui «comme le boucher en tablier rouge». Électre lui demande s'il veut expier. Quelle erreur! Oreste n'expiera pas. Il se chargera simplement de leur malheur. À Électre qui lui demande comment il agira, il répond que seuls le roi et la reine sont responsables de la conduite passive des gens d'Argos. Électre est frappée de terreur par l'acte qui se prépare et dont Oreste rend déjà compte à l'imparfait: «Les Dieux me sont témoins que je ne voulais pas verser leur sang». Qu'Électre le conduise et le cache dans le palais. À ce moment Électre appelle son frère par son nom. Oui, elle l'a attendu, a désiré ce moment mais maintenant l'engrenage du crime se met en place: «tout ce sang»... Qu'Oreste, son frère aîné, le chef de sa famille la protège, «car nous allons au-devant de très grandes souffrances».

**COMMENTAIRE**

### La reconnaissance du frère par la sœur

Trois grands moments font de cette scène l'ultime préparation d'Oreste à son acte de liberté. C'est le rappel du destin des Atrides qui incite Oreste-Philèbe à se proclamer Oreste: «Je suis un Atride, ta place est à mes côtés».

## L'adieu à la jeunesse

Tandis que les habitants d'Argos sont déterminés par leurs passions, réelles ou mythiques, et que, dès lors ils ont une identité collective, Oreste apparaît comme un être libre et indépendant.

Pour Oreste, sa liberté le place en face du néant, il regrette que son passé lui ait été volé comme dans la chanson de Boris Vian, *Le Déserteur*, à qui on a «pris son cher passé». Au moment d'agir, Oreste dit à sa sœur : «Laisse-moi dire adieu à cette légèreté sans tache qui fut la mienne. Il y a des soirs, des soirs de Corinthe ou d'Athènes qui ne m'appartiendront plus jamais», mais «(...) je deviendrai hache et j'ouvrirai le ventre de ces maisons bigotes». Oreste est, encore à cette heure, libre en conscience.

## Oreste-Christ

À la fin de la scène Oreste refuse de «filer doux» et veut inventer «un autre chemin». Il va donc passer d'une pureté «légère» à la lourdeur de l'acte. Il se présente comme une sorte de Christ qui «vole les remords» des autres; mais pour cela, il faut supprimer l'obstacle.

Ce que fait Oreste dans *Les Mouches* n'est pas directement inspiré des tragédies grecques. Dans *Les Choéphores* d'Eschyle, Oreste accomplit le crime vengeur sur l'ordre d'Apollon qui le lui a imposé sur la menace d'un châtiment affreux. S'il ne venge pas le crime, il contractera la souillure des meurtriers. Dans l'*Électre* de Sophocle, Oreste n'a pas reçu d'ordre divin : il s'est borné à demander conseil à l'oracle d'Apollon sur les moyens de rentrer en possession de ses livres et de relever sa maison.

Or, dans la pièce de Sartre, le meurtre est destiné à délivrer tout un peuple entraîné et maintenu dans un état de psychose et de mauvaise conscience collective. C'est par là que le crime est justifié.

# ACTE II
# DEUXIÈME TABLEAU – SCÈNES I ET II

**RÉSUMÉ**

Dans la salle du trône du palais, la statue de Jupiter «*terrible et sanglante*», l'indication «*le jour tombe*», introduisent le deuxième tableau de l'acte et créent une atmosphère d'angoisse qui annonce les scènes du crime. L'entrée d'Électre et d'Oreste, le geste d'Oreste, leur déplacement (*ils se cachent derrière le trône*) mettent en place le drame. **(scène I)**

Précédé par Électre, Oreste entre dans la salle du trône. Il entend du bruit, tire son épée. Électre comprend que ce sont des soldats ; les deux jeunes gens se cachent derrière le trône. Deux soldats dialoguent, la fête des morts est le sujet de leur conversation, et dans ce temple, ils peuvent imaginer qu'Agamemnon ait envie de s'asseoir sur son trône, pour y passer la journée. Il serait un mort paisible, différent des morts agressifs précédemment évoqués. mais la conversation est gênée par l'assaut des mouches plus agressives que jamais ; de plus, le plancher craque, les soldats font le tour de la statue pour trouver l'origine de ce bruit. Il n'y a personne (*cf.* les didascalies) ; un soldat regrette de ne pas être ce soir-là au corps de garde où il retrouverait ses morts qui sont de bons copains.

*Entrent Égisthe et Clytemnestre*. Égisthe renvoie les soldats. **(scène II)**

**COMMENTAIRE**

### Intérêt dramatique

Les didascalies sont significatives ; le dialogue des deux soldats a une fonction précise : rappeler à quel point les gens d'Argos sont les jouets crédules d'une situation imaginaire, imposée par Égisthe ; l'acte d'Oreste n'en paraîtra que plus justifié.

## ACTE II
## DEUXIÈME TABLEAU – SCÈNE III

**RÉSUMÉ**

Clytemnestre et Égisthe commentent le grave incident qu'Électre a provoqué pendant la fête des morts. Mais la reine perçoit chez le roi une profonde inquiétude et lui en demande les raisons. Égisthe regrette d'avoir dû punir Électre, il est las de ce deuil prolongé, et il sent encore plus le vide de sa vie que ne meublent pas les remords. La reine s'approche de lui et il la repousse; «qui donc les voit»?; «le roi», répond Égisthe. Clytemnestre lui rappelle qu'il est l'inventeur de cette fable illusoire. Sans doute est-il fatigué, pour avoir cru un instant à cette «mômerie».

**COMMENTAIRE**

### Intérêt dramatique

Le dialogue de Clytemnestre et d'Égisthe est entendu par Oreste et Électre cachés derrière le trône. Le spectateur sait qu'Oreste a pris sa décision: Électre – «Nous n'aurons plus de répit jusqu'à ce qu'ils soient couchés sur le dos tous les deux avec des visages pareils aux mûres écrasées.» C'est par cet artifice dramatique que les jeunes gens apprendront que «la théologie» de la fête des morts n'est qu'une fable inventée par Égisthe. Cette révélation confirmera Oreste dans sa décision.

### Du langage surpris

La situation dramatique de cette scène est liée à une tradition dramaturgique classique: les personnages qui dialoguent sur scène sont entendus par un ou plusieurs autres, cachés; leurs discours n'est donc en rien «censuré» par la présence de ceux qui les écoutent à leur insu. Deux exemples très connus présentent cette situation.

Dans *Tartuffe*, acte V, scène 3, Orgon, caché sous la table, entend la déclaration d'amour imprudente de Tartuffe à sa femme Elmire; il s'agit-là d'une scène comique en rapport avec le comportement du naïf Orgon, crédule face à la fourberie de Tartuffe. Le spectateur complice d'Elmire se rit d'Orgon mis enfin en présence de l'éclatante vérité.

Dans *Britannicus* de Racine, à l'acte II, scène 5, Néron caché, écoute le dialogue de Junie et de Britannicus. Il a exigé que Junie voit Britannicus pour lui annoncer qu'elle ne l'aime plus; il lui signifie qu'il sera auditeur invisible et présent. Si Junie n'obéit pas, Britannicus paiera de sa vie cette infraction aux ordres de Néron. Le spectateur partage l'angoisse de Junie qui doit renier ses engagements avec le jeune prince sans pouvoir lui donner la moindre explication. Britannicus, tout entier au bonheur de revoir Junie, reste interdit devant l'attitude incompréhensible de celle qu'il doit épouser. L'atmosphère tendue, tragique et pathétique, comparable à celle de la scène des *Mouches* illustre une figure du discours de théâtre, **l'ironie dramatique** (*cf.* l'acte I, scène 5).

## Le dialogue

Les deux jeunes gens, comme le spectateur, perçoivent une évolution dans le dialogue du roi et de la reine, marquée dans le passage du vouvoiement au tutoiement, quand le roi s'adresse à Clytemnestre. La reine, quant à elle, reste fidèle au langage exigé par son rang. Soulignons les termes employés par le roi pour s'adresser à la reine : «femme, femme, catin», et ceux choisis par la reine pour nommer Égisthe, une seule appellation : «Seigneur». À partir du premier tutoiement, on constate d'un côté, un langage très familier (vocabulaire, construction, mode verbal, ordre des mots). Égisthe : «Eh bien, le roi, on a lâché les morts ce matin (...).»; de l'autre, l'emploi constant d'un langage élevé. Clytemnestre : «Seigneur, je vous en supplie... Les morts sont sous terre (...) Est-ce que vous avez oublié que vous-même vous inventâtes ces fables pour le peuple ?»

## Une parole signifiante

À l'heure de leur rencontre, qui suit la scène dramatique de la provocation et de la punition d'Électre, le décalage entre les deux langages accroît la tention dramatique. Ce dialogue, le public, en particulier le public des années 40, le reçoit selon des critères moraux et sociaux. Oreste et Électre, également spectateurs-auditeurs, l'interprètent selon des critères familiaux et philosophiques.

Le genre littéraire, l'esprit, la culture du public et les circonstances historiques, imposent des contraintes à l'auteur, contraintes que Valéry appelait «des gênes exquises». Donc l'abandon par Égisthe du langage qui convient à son rang social et à sa fonction, s'explique par «la situation»; loin des regards de son peuple, il choisit de se comporter comme n'importe lequel de ses sujets et de s'exprimer dans un langage commun. Pour le public de 1944, ce langage «de tous les jours» actualise l'analyse de la lassitude des hommes au pouvoir. C'est **un langage de vérité**, dans l'intimité d'une conversation privée, c'est le langage qui permet aux tyrans de l'époque d'exprimer leur angoisse, leur «usure», face à une situation de crise, installée dans un pays occupé par l'ennemi depuis quatre ans. Mais Clytemnestre reste dans son rôle de reine, hérité de la tradition mythologique et du théâtre grec.

### « Un langage surpris »

Comment Oreste et Électre « reçoivent-ils » ce dialogue ? Pour Oreste, Égisthe est d'abord le meurtrier de son père ; l'entretien du roi et de la reine confirme qu'Égisthe est le tyran qui a « installé » le remords dans le peuple d'Argos et par là le maintien en esclavage : « Est-ce que vous avez oublié que vous-même inventâtes ces fables pour le peuple ? ». La soumission de la reine et surtout l'approbation qu'elle donne à la punition d'Électre imposée par le roi ne peuvent que confirmer et accroître la haine d'Électre pour sa mère.

## ACTE II
## DEUXIÈME TABLEAU - SCÈNE IV

RÉSUMÉ

En demandant à Jupiter de lui dire s'il est le roi désiré pour Argos, Égisthe décrit son comportement royal, voué au paraître ; certes il s'impose à ses sujets et les plonge dans un remords profond. Mais il est « une coque vide », un mort-vivant plus mort que celui qu'il a assassiné. Sa tristesse ? Non il n'est pas triste car il est dans le néant total de son existence, il ne peut ressentir un sentiment quelconque, et il donnerait son royaume pour verser une larme.

COMMENTAIRE

### Le salaud

Toujours entendu par Oreste et Électre, Égisthe interpelle Jupiter par une question, en fait, une affirmation. Un jour il a dit oui à Jupiter, tout comme Créon, dans *Antigone* d'Anouilh, a dit oui à un certain mode d'existence, un style d'action. Tous deux, comme tous les salauds de Sartre, échappent à l'usage de la liberté suprême de dire non aux préjugés, à Dieu, à la morale. Ils servent l'État mais en dépouillant leur fonction de toute espèce de sublime, et l'État de tout caractère sacré. Tous deux ne retirent de leur fonction qu'**un plaisir tout relatif**. De Créon, il est dit dans *Antigone* : « Il a des rides, il est fatigué, il joue le jeu difficile de conduire les hommes (..) ».

Égisthe, à la scène suivante, exprimera la même sensation : « Je crève à la tâche ». Ils ont le même scepticisme vis-à-vis des rites funéraires que Créon appelle un « passeport dérisoire », et Clytemnestre rappelle à Égisthe qu'il a lui-même inventé cette « fable » de la fête des morts.

## ACTE II
## DEUXIÈME TABLEAU – SCÈNE V

**RÉSUMÉ**

Jupiter se fait reconnaître du roi qui continue à se plaindre amèrement de sa vie ; il lui annonce l'arrivée d'un homme décidé à le tuer. Égisthe n'agira en rien pour empêcher cet acte. Pourquoi Jupiter a-t-il permis son crime et n'empêche-t-il pas le crime médité par Oreste ? Simplement parce que le crime d'Égisthe servait le roi des Dieux : pour un seul homme mort, Agamemnon, vingt mille autres plongeaient dans le repentir. Égisthe comprend que le crime d'Oreste ne suscitera pas de remords ; or Jupiter n'a rien à faire d'un crime sans remords.

Le roi des Dieux explique à Égisthe qu'ils font tous deux régner l'ordre dans le monde et dans Argos, ils partagent le même secret : « les hommes sont libres et ils ne le savent pas ». Au nom de cet ordre, qu'Égisthe s'empare d'Oreste et de sa sœur. Mais, précise le Dieu, Oreste lui, sait qu'il est libre. Cette révélation suscite colère et crainte chez le roi d'Argos ; pourquoi cet homme libre et qui le sait n'est-il pas encore foudroyé par le Dieu ? *Las et voûté*, Jupiter fait une terrible révélation : les Dieux n'ont plus aucun pouvoir sur l'homme dont la liberté a explosé.

**COMMENTAIRE**

### La mauvaise conscience collective

Au deuxième tableau de l'acte II (scènes 3 et 4) nous est présentée la politique d'Égisthe : pour maintenir son autorité sur le peuple, le roi exploite le remords collectif; voué au repentir, ce peuple ne saurait se révolter.

Lorsque Jupiter vient dialoguer avec Égisthe, le dieu lui explique qu'il est «à l'univers ce qu'Égisthe est dans la cité». Remarque amusante car elle évoque la tradition du roi chrétien, image de Dieu sur terre (*cf.* les textes de Ronsard et de Bossuet): le roi est image de Dieu et doit agir comme Dieu. Mais dans *Les Mouches*, Dieu-Jupiter est un **scélérat machiavélique** (au sens le plus caricatural du terme), Égisthe, un autre scélérat. Ils sont donc faits pour s'entendre. Jupiter dit à Égisthe: «Tu me hais mais nous sommes parents. Je t'ai fait à mon image; un roi c'est un Dieu sur la terre, noble et sinistre comme un Dieu». (...) «Tu vois bien que nous sommes pareils».

Les hommes n'existent que dans la peur que les autres ont d'eux: qu'un seul homme lève la tête au-dessus de la foule et dise sa liberté, l'ordre des dieux et des rois s'écroulera. Il faut entretenir le peuple dans l'inconscience de sa liberté car l'homme, qui se sait né pour être libre, a en face de lui un roi, un chef qui, par fonction, nie sa liberté, donc détruit son être. Ce sont des répliques comme celles-là qui expliquent la cérémonie de l'évocation des morts de l'acte II, où les morts des diverses familles viennent reprocher à telle femme d'avoir trompé son mari, à tel enfant d'avoir tué son père, et à tous d'être co-responsables du meurtre d'Agamemnon, ainsi dilué à travers toute une cité.

## ACTE II
## DEUXIÈME TABLEAU – SCÈNE VI

**RÉSUMÉ**

*Égisthe reste seul un moment, puis Électre et Oreste.*

Égisthe refuse de se défendre contre Oreste, prêt au meurtre. Frappé d'un coup d'épée et chancelant, il demande au jeune homme s'il n'a pas de remords. C'est un geste de justice que vient d'accomplir Oreste, geste qui exclut le remords. Et la volonté de Jupiter, demande Égisthe ? Peu importent les dieux, la justice appartient aux hommes, une justice qui doit ruiner l'emprise du roi sur les gens d'Argos et leur rendre le sentiment de dignité. Frappé encore une fois, Égisthe tombe et dit à Oreste de prendre garde aux mouches. C'est maintenant le moment d'aller jusqu'à la chambre de la reine, dit Oreste. Électre hésite à guider son frère. «Elle ne peut plus nous nuire», dit-elle. Oreste ira seul.

**COMMENTAIRE**

## L'acte moral

Sartre affirme avec intransigeance que le seul absolu pour l'homme est sa liberté. Cette théorie de **la liberté pure** aboutit à la justification du pire, l'acte le plus terrible, le meurtre d'un tyran, le meurtre d'une mère. Ici intervient la notion de la solidarité, une donnée concrète de l'existence en ce qui nous concerne, la solidarité avec le peuple d'Argos. Dans ce cas, le parricide d'Oreste, par la seule raison qu'il tend à délivrer les hommes de leur esclavage, du repentir, devient un acte moral, alors que l'acte d'Égisthe, dirigé contre la liberté du peuple d'Argos, est un crime : «Il est juste de t'écraser, immonde coquin et de ruiner ton emprise sur les gens d'Argos».

## Les bienséances

Peu attaché aux règles de bienséance du théâtre classique, Sartre n'hésite pas à donner sur scène le spectacle d'un meurtre. Les didascalies soulignent clairement les étapes de l'acte d'Oreste : il le frappe de son épée, il le frappe, il le tue et le pousse du pied. Et parallèlement les effets sur Égisthe des coups d'Oreste : Égisthe tombe, il meurt.

## La situation dramatique

Pour Oreste, la situation s'organise temporellement à partir de ce premier geste, le meurtre d'Égisthe; elle glissera, inflexible, de la naissance à la mort, c'est-à-dire de l'arrivée d'Oreste à Argos jusqu'au dernier crime, la mort de Clytemnestre, et le départ d'Oreste. Le dramaturge en propose des représentations qui jalonnent la pièce, la traduisent dans son ensemble, indivisible (l'accomplissement du destin des descendants d'Atrée) et particulière dans le moment où elle s'incarne, c'est-à-dire la mission qu'assume Oreste.

## Le projet du dramaturge

Cette scène de violence s'inscrit dans le projet didactique et philosophique de la pièce. À Oreste qui demande à Égisthe de se défendre, celui-ci oppose un refus qu'il justifie : «je veux que tu m'assassines». Il faut qu'Oreste assume son choix dans sa totalité, un acte pur qui suscite l'étonnement d'Égisthe : «Est-ce vrai que tu n'as pas de remords ?».

## ACTE II
## DEUXIÈME TABLEAU – SCÈNE VII

**RÉSUMÉ**

*Électre seule.*

En écoutant les bruits, elle suit la marche d'Oreste dans le couloir, jusqu'à la quatrième porte. Égisthe est mort, et sa haine est morte avec lui.

Mais l'autre (Clytemnestre) est vivante et elle va crier (*cris de Clytemnestre*) ; c'était sa mère ; depuis des années elle jouissait de cette mort par avance et en cet instant son cœur se serre, non, elle n'est pas lâche, elle veut, elle a voulu la mort de ce porc immonde, elle veut les cris d'horreur de la reine. Ses ennemis sont morts, son frère vengé.

*Oreste rentre, une épée sanglante à la main. Elle court à lui.*

**COMMENTAIRE**

### Importance dramatique

Pour la deuxième fois Électre, seule sur scène, prononce un long monologue. On est juste avant la fin du deuxième tableau de l'acte II, et l'acte d'Oreste.

Électre vit l'assassinat de sa mère en train de s'accomplir hors scène et le fait vivre au spectateur. Ce monologue présente une importance dramatique intéressante par rapport à l'évolution du comportement du personnage. Égisthe est mort, Oreste a quitté sa sœur pour aller tuer leur mère. Dans son monologue précédent, elle ne prononçait pas un seul mot qui entame la certitude de la haine éprouvée pour le tyran et la vie qu'il impose à Argos. Maintenant, après le premier meurtre, Électre manifeste avec moins de force son adhésion à l'acte d'Oreste, qu'elle a pourtant voulu. Dès le début, elle dit : «Il faut que je le veuille encore». Dans une lecture verticale, on peut relever les marques de ce nouveau comportement : «Il faut que je le veuille, ma haine est morte avec lui (...)

«Il l'a frappée : c'était notre mère, mon cœur est serré dans un étau. Je ne suis pas lâche!».

Ces éléments préparent le revirement d'Électre qui refusera de suivre Oreste dans la libération que son acte a permise. Ce monologue se termine cependant dans une acmé* de joie.

### Théâtralité du monologue

L'importance cruciale du moment, le parricide qui s'effectue, ont donné au dramaturge toute liberté pour dramatiser cette longue tirade. Les didascalies indiquent des déplacements, une gestualité active et violente, des silences rompus par les cris de Clytemnestre.

Une série de phrases exclamatives, courtes, juxtaposées rend compte de l'attitude du locuteur qui traduit ainsi son agitation intérieure d'une façon très expressive. On peut relever l'opposition entre les appellations qui concerneront Égisthe : «celui-ci», «ce porc immonde», «ton regard de poisson mort», et celles consacrées à Clytemnestre : «elle», «l'autre», «c'était notre mère», et, «il l'a frappée». Aucune insulte à l'égard de sa mère mais au contraire **l'aveu de l'angoisse**; le doute annonce la faiblesse dont elle fera preuve. Tous ces procédés sont autant d'éléments de variété qui contribuent à dramatiser le monologue.

## ACTE II
## DEUXIÈME TABLEAU – SCÈNE VIII

**RÉSUMÉ**

Électre demande à Oreste comment sa mère est morte; celui-ci refuse de partager ce genre de souvenirs, il accepte seulement de révéler qu'elle est morte en les maudissant. Électre, angoissée, sent l'épaisseur de la nuit. C'est l'aube, dit Oreste, ils sont libres. Sa solitude est rompue; le frère et la sœur sont doublement unis, ils sont du même sang et ils ont versé le sang. Électre, inquiète, a besoin d'affermir ces nouveaux liens par le regard qu'elle porte sur son frère :

comme il a l'air étrange! Et Oreste de répondre : «La liberté a fondu sur moi comme la foudre». Mais le meurtre de leur mère, ils n'ont plus la liberté de le défaire, dit Électre. Oreste ne le voudrait pas, il a fait **son** acte, un acte qu'il portera sur ses épaules et dont le poids, même de plus en plus pesant, lui signifiera sa liberté. Les sentiers empruntés avant cet acte appartenaient à d'autres; aujourd'hui, pour lui, il n'en existe plus qu'un, «c'est son chemin».

Électre ne le voit plus, ne l'entend plus mais elle perçoit l'arrivée des mouches qui enflent, grosses comme des abeilles, elle voit leurs millions d'yeux qui les regardent : ce sont les Érinnyes, dit-elle, les déesses de la vengeance. Oreste interprète autrement le bruit des voix et des coups dans la porte : ce sont les gardes attirés par les cris de Clytemnestre. Qu'Électre le conduise au sanctuaire d'Apollon, ils y passeront la nuit, à l'abri des hommes et des mouches. Le lendemain il s'adressera à son peuple.

COMMENTAIRE

### L'acte pur

Oreste progressivement a rejeté le modèle d'une liberté illusoire fondée sur un humanisme distant et stérile et finit par tuer Égisthe. En allant jusqu'au parricide, il consacre un total engagement de sa personne à la situation que lui a réservée la convergence d'événements de hasard. Au fil de ses actes, il convertit le hasard en nécessité et sa vie devient un destin. Son acte prend une signification qui dépasse de beaucoup la vengeance souhaitée par Électre : en retrouvant sa place parmi les siens, Oreste forge sa destinée et devient le libérateur de ses concitoyens. Cet acte criminel aux yeux des hommes, se fonde sur le pilier de la philosophie de l'existence : l'existence n'est pas confinée dans le monde définitif d'une essence préalable; chaque homme peut donc, grâce à sa liberté de choix, devenir ce qu'il a décidé d'être. L'accomplissement personnel est une possibilité qui ne dépend que de soi et que chacun projette devant soi. Chaque acte concrétise ce projet. Dans l'univers sartrien, **l'acte de violence**, par le seul fait qu'il tend à briser les chaînes, **apparaît toujours moral**. Oreste : «J'ai fait mon acte, Électre, et cet acte était bon».

## La dramaturge-poète

Dans la scène qui suit le parricide, les personnages, conscients du terrible drame qu'ils vivent, saluent l'aube d'une vie nouvelle par des images saisissantes de justesse et de poésie. Oreste décrit son acte : «la liberté a fondu sur moi comme la foudre», le passage d'une liberté intérieure, légère et inutile, à un état nouveau de liberté fondée sur un acte volontaire, destiné à l'ancrer parmi les hommes. Mais quel changement de ton pour exprimer les douloureux effets de cet acte : «Je le porterai sur mes épaules comme un passeur d'eau porte les voyageurs».

Ces métaphores traduisent **la réalité quotidienne** que devra vivre Oreste, une réalité pesante certes, mais délivrée de l'illusion. «Que nous importent les mouches ?». Cette évolution dans le choix des images tend à souligner la lucidité d'Oreste qui entre dans «l'existence » parmi les hommes, purifié, alourdi mais libéré.

## Un amour exigeant

Un des rares cris de tendresse dans cet univers de crime et de dureté, jaillit dans cette scène, celui de l'amour du frère pour la sœur et d'Électre pour Oreste. Oreste : «Je t'aime et tu m'appartiens».

Électre : «Prends-moi dans tes bras, mon bien aimé et serre-moi de toutes tes forces (...) M'aimes-tu ?». Cette réplique suit immédiatement le meurtre, au cœur de la situation la plus tendue; elle témoigne d'un des derniers instants d'union des deux jeunes gens.

# ACTE III – SCÈNE I

**RÉSUMÉ**

*Le temple d'Apollon. Pénombre. Une statue d'Apollon au milieu de la scène. Électre et Oreste dorment au pied de la statue. (...) Les Érinnyes, en cercle, les entourent. (...) Au fond, une lourde porte de bronze.*

Les Érinnyes s'éveillent et commencent à décrire les supplices qu'elles vont infliger, pour leur plus grande volupté, à Oreste et à Électre. Leur chant et leur danse éveillent les jeunes gens. Électre raconte son horrible rêve : elle a vu sa mère en sang. C'est Oreste qui l'a tuée, dit-elle; mais en regardant sa sœur, celui-ci s'étonne de l'horreur inscrite sur son visage; est-elle la même que celle qui dansait la veille en robe blanche ?

Les Érinnyes interviennent brutalement : elles évoquent la jeune fille, autrefois «tranquille avec ses rêves», maintenant responsable avec son frère de ce crime. La première Érinnye donne d'horribles détails sur le meurtre de la reine; Électre en demande d'autres, encore plus précis. Un cri d'horreur s'échappe de sa bouche; Oreste explique à sa sœur que les Érinnyes veulent les séparer et créer un espace de solitude autour d'eux; ils doivent supporter ensemble les conséquences de leur crime. Électre se désolidarise de son frère; c'est lui qui a tué leur mère. Il tente d'entraîner sa sœur dans la vision du monde ensoleillé qui les attend derrière la porte. Mais les Érinnyes interdisent à Électre cet avenir radieux.

Au cri d'horreur d'Électre, Oreste répond par des paroles d'apaisement : c'est la faiblesse de sa sœur qui fait la force des déesses du Mal. Certes, l'angoisse qui la dévore ne cessera pas de le ronger lui-aussi, mais, par-delà l'angoisse, il affirme leur liberté. Électre refuse son aide, tandis que, avec insistance, les déesses l'appellent; Oreste tente de la retenir. Elle se dégage de lui, criant sa haine (*elle descend les marches, les Érinnyes se jettent toutes sur elle.*). «Au secours», crie-t-elle. *Entre Jupiter.*

**COMMENTAIRE**

## Un théâtre d'idées

En 1944, Sartre a derrière lui un roman, *La Nausée*. *Les Mouches* est son premier essai au théâtre. Dictée par l'urgence historique, pour aider les Français à relever la tête pendant l'Occupation, cette pièce voit déjà poindre l'idéologie sartrienne. Le dramaturge ne renvoie pas le spectateur à une vision d'un monde familier, mais il lui expose les valeurs qui doivent fonder la vie humaine.

D'une part la conduite de ceux qu'il appelle «les salauds», une catégorie d'humains à laquelle appartiennent Jupiter, Égisthe, Clytemnestre et tout ce peuple esclave des préjugés et des superstitions, ces gens qui, une fois, ont accepté le mensonge et les compromissions, puis Oreste, qui pour l'associer à son acte de libération, tente d'arracher Électre à l'emprise des Érinnyes, qui veulent l'entraîner dans ce monde de lâcheté.

D'autre part, déjà affirmée, la liberté du héros sartrien : « Dehors le soleil se lève sur les routes, (...) nous sortirons bientôt ». C'est une des rares formules qui donne à l'acte de liberté un pouvoir de libération et d'envol. Oreste veut se libérer lui-même en libérant son peuple et par là retrouver sa place dans le peuple.

Sartre n'a pas fait de son personnage un héros. Premier sur la voie de la libération, « au moment où les masses peuvent et doivent prendre conscience d'elles-mêmes », il est celui qui, par son acte, leur montre la route. Quand il y est parvenu, il peut rentrer en paix dans l'anonymat. Dans la scène suivante, Oreste apprendra que, pour vivre cette liberté comme une libération, il faudra qu'il puise en lui de quoi combler ce nouvel état, encore vide de valeurs.

## ACTE III - SCÈNE II

**RÉSUMÉ**

Jupiter donne ordre aux Érinnyes de laisser Électre en paix. À l'égard de « ces pauvres enfants », son cœur est partagé entre la colère et la pitié ; il s'étonne du nouvel aspect si pitoyable du visage de la jeune fille. Oreste ne supporte pas le ton compatissant du dieu, qui, à son tour, dénonce le ton du jeune homme, sans rapport, dit-il, avec celui d'un coupable en train d'expier son crime. Mais non, Oreste ne peut expier ce dont il ne se reconnaît pas coupable, il ne regrette rien ; mais que dit-il de l'abjection de sa sœur ? L'angoisse d'Électre ne le concerne pas, elle seule peut se délivrer de ses souffrances, elle est libre : « Et toi, es-tu libre aussi ? », demande Jupiter. La réponse affirmative d'Oreste est le fait d'une créature « impudente et stupide ». Qu'est-ce donc que cette liberté, comparable seulement à la liberté d'un prisonnier, d'un esclave crucifié ?

S'adressant à Électre, le dieu lui promet la vie sauve si elle manifeste un peu de repentir, et, pour la convaincre, il la décharge de la responsabilité d'un crime dont elle a été seulement la complice. La proposition que Jupiter fait à Oreste semble être digne de foi : il installera les deux jeunes gens sur le trône d'Argos, à la place des victimes. Mais jamais le fils d'Agamemnon ne revêtira les habits «du bouffon» qu'il vient de tuer.

C'est à la menace que recourt maintenant le roi des dieux : derrière la porte du temple, les hommes d'Argos attendent Oreste pour le tuer; il est rejeté par tous comme «le plus lâche des assassins». «Le plus lâche des assassins, c'est celui qui a des remords», répond Oreste.

Une longue tirade de Jupiter répond à cette réplique. Les didascalies décrivent l'extension spatiale du décor : *Les murs du temple s'ouvrent. Le ciel apparaît, constellé d'étoiles qui tournent. Jupiter est au fond de la scène. Sa voix est devenue énorme – microphone – mais on le distingue à peine*. Le roi des Dieux décrit la création dont il est l'auteur et l'organisateur : sur terre, Oreste n'est pas chez lui; le monde est bon, aussi Oreste est-il «comme l'écharde dans la chair»; en effet, il a fait le Mal et les choses l'accusent. Le Bien est partout, c'est lui qui a permis le succès de l'entreprise du jeune homme. Le Mal dont il se nomme l'auteur n'est qu'une image trompeuse, soutenue par le Bien. Qu'il rentre en lui-même, l'univers lui donne tort.

Oui, Jupiter est le roi des dieux, il n'est pas le roi des hommes, dit Oreste. Jupiter, certes, a créé l'homme mais pour en faire son serviteur. D'ailleurs l'homme n'est ni le maître ni l'esclave, il est sa propre liberté. Électre conjure son frère de ne pas être à la fois criminel et blasphémateur. Choquée par son langage, elle ne le rejoindra jamais. Mais pour Oreste c'est une aube nouvelle : hier, encore, auprès d'Électre, la création tout entière chantait le Bien. Le dieu prodiguait des conseils. Toute la douceur du monde, la suavité du ciel lui prêchaient le pardon des offenses. Tout d'un coup, la liberté a fondu sur lui, la nature s'est retirée et il s'est senti seul «comme quelqu'un qui a perdu son ombre». Plus rien au ciel, ni Bien, ni Mal, personne pour donner des ordres.

«Oui, dit Jupiter, mais ta liberté n'est qu'un exil.» Qu'il revienne pour ne pas être rongé par un mal inhumain, étranger à sa nature, étranger à lui-même. Oreste reconnaît le dur inconfort de son nouvel état, sans autre recours qu'en lui, mais désormais sa loi sera sa seule loi : son chemin, il l'inventera. Il lui faut maintenant ouvrir les yeux des hommes d'Argos. Mais que va-t-il leur apporter sinon le cadeau de la solitude et de la honte en leur montrant leur «obscène et fade existence» ? Oreste revendique le droit de ne pas leur refuser le désespoir puisque tel est leur lot. La vie humaine, pour un homme libre commence de l'autre côté du désespoir.

COMMENTAIRE

## Sartre et la théologie chrétienne

Jupiter assimile la liberté à une certaine forme de servitude. Lorsqu'Oreste dit à Jupiter : «Il ne fallait pas me créer libre», Jupiter répond : «Je t'ai donné la liberté pour me servir». Et là, c'est Sartre en tant que lecteur de Pascal que l'on retrouve. La vocation de l'homme est de se tourner vers Dieu et sa liberté, de vivre perpétuellement dans un dialogue où il reconnaît sa soumission à Dieu. Mais Oreste veut la liberté tout court et Jupiter lui reproche de sortir du système de la théologie «chrétienne». Selon Jupiter, en effet, l'homme n'existe que par sa référence à Dieu. Et nous passons ici de Pascal à l'Évangile : «Celui qui n'est pas avec moi est contre moi», dit le Christ. Nous trouvons la même chose à la fin du dialogue de Jupiter et d'Oreste, acte III, scène 2 : «Vois si tu es avec moi ou contre moi». Il n'y a pas de doute que tous ces textes présentent, de manière polémique, un christianisme qui n'est, aux yeux de Sartre, que la projection d'intérêts politiques ou de la simple sottise humaine.

## Une religion d'esclaves

Lorsque Oreste a tué sa mère et Égisthe, il est tenté d'entrer dans le système du remords, non par le Diable mais par Jupiter. Rien de plus important que ce dialogue Oreste-Jupiter où se trouve débattue la question des rapports de l'homme et de Dieu, c'est-à-dire de moi et de l'autre. Ici Jean-Paul Sartre développe une **théologie ironique** qui fait souvent référence à des textes de la Bible, de saint Paul ou de saint Thomas. C'est après le meurtre, dans le temple d'Apollon, à l'acte III, scène 2, qu'a lieu le dialogue entre Jupiter d'une part, Oreste et Électre, d'autre part. Jupiter entend qu'Oreste entre dans le système et ne soit qu'un «coupable en train d'expier son crime». Il n'est pour lui qu'un esclave. Jupiter dit : «Si tu oses prétendre que tu es libre, alors il faudra vanter la liberté du prisonnier chargé de chaînes, au fond du cachot, et de l'esclave crucifié».

C'est évidemment une référence ironique, non seulement, à cette religion que les Romains du premier siècle appelaient une religion d'esclaves, mais aussi à la mort du Christ qui a joué les esclaves crucifiés. La situation du martyr est une situation dont se moque le Dieu que Sartre met en scène, un Dieu créateur et ordonnateur du monde. Dès *La Nausée*, et de façon quasi permanente, Sartre a manifesté une sorte d'horreur en face de ce qu'on peut appeler les beautés de la nature et l'ordonnance du cosmos, auquel il affecte de ne pas croire. Ce Dieu va donc donner une définition positive du Bien et négative du Mal, respectant ainsi la tradition, non seulement de la théologie chrétienne du Moyen Âge, mais aussi de la philosophie religieuse du siècle classique. Le Mal est un manque, le Mal est un néant.

## Sartre et la «théologie» antique

Cette conception se réfère aussi au théâtre d'Eschyle et à celui de Sénèque : celui qui tue sa mère s'exclue de la nature. Il est, au sens précis du terme, **dénaturé**. Et il va être comme expulsé de l'univers. Lorsqu'une faute pareille est commise, il n'est pas exclu que le soleil se cache (comme dans le *Thyeste* de Sénèque), qu'il y ait des tremblements de terre abominables, et que les étoiles tombent du ciel. Le crime de l'homme est un attentat à l'ordre du cosmos. Sartre, qui a une culture classique très approfondie, le sait bien, et il ajoute : «... redoute que la mer ne se retire devant toi, que les sources ne se tarissent sur ton chemin, que les pierres et les rochers ne roulent hors de ta route et que la terre ne s'effrite sous tes pas».

## Le «solipsisme» sartrien

À la fin de cette scène, Oreste reste seul ; il y a là un solipsisme sartrien, peut-être un des drames personnels de Sartre, qui apparaît souvent dans son œuvre depuis *La Nausée* jusqu'aux dernières œuvres. Oreste demeure seul exactement comme le Christ au moment où les apôtres l'ont abandonné et où il va être crucifié. Jésus dit à ses disciples : «Pourquoi dormez-vous, levez-vous et priez de peur que la tentation ne vous saisisse» (*Nouveau Testament*, Évangile selon saint Marc). On peut parler dans les dernières scènes des *Mouches*, surtout depuis le départ d'Électre, d'une **véritable passion**, au sens religieux du terme. Mais cette passion est dépassée : Oreste fait un discours à la foule, c'est le fameux discours de la fin qui commence par : «Je suis votre roi», une attitude commune au Christ et à Oreste, qui conduit les héros à oublier leur angoisse pour se tourner vers les autres.

## La voix du scripteur

Au rappel de la puissance et de la nécessité de Dieu, comment va répondre Oreste ? : «Il ne fallait pas me créer libre». Jupiter : «Je t'ai donné la liberté pour me servir».

Prise à la lettre, cette réponse est absurde; elle énonce l'existence d'un Dieu créateur et conservateur du monde, d'un être dont la volonté est le Bien, face au néant qui est le Mal. Dans ce cas, que signifie la révolte d'Oreste, sinon un choix suicidaire pour une défaite et un anéantissement inévitable ? C'est là qu'il faut prêter une oreille attentive à la pensée de Sartre; **la pensée d'Oreste tient parce qu'elle est celle de Sartre, athée.** Jupiter, Dieu, n'existe pas «transcendant à l'univers», mais il existe comme une idée de Dieu immanente à la conscience humaine, inventée par les hommes pour se défendre contre l'angoisse de l'absurde et dans la pièce comme une fiction pour soutenir le pouvoir du roi. Dans ce cas, Dieu existe comme **une tare** de la conscience humaine des gens d'Argos, pour les détourner de regarder en face l'abîme de leur condition humaine, une mystification de leur conscience sociale qui fait obstacle à la revendication de leur liberté. Oreste apparaît alors comme **le rédempteur** en rendant à Argos la dignité et l'orgueil.

Cette victoire sur Dieu, n'est pas définitive : dans *Le Diable et le Bon Dieu*, Gœtz commence en héros du Mal : «Je fais le Mal par le Mal» ; qui l'a fait ? lui demande sa maîtresse, il répond : «Dieu le Père. Moi, je l'invente». L'homme sartrien se veut à la fois libre de ses actes et libre d'inventer ses valeurs, semblable à Dieu, si Dieu existe. Pourtant Gœtz va faire comme s'il existait; un moment, il paraît perdu : «Je ne suis plus un homme, je ne suis rien, il n'y a que Dieu»; mais, rendu par sa fiancée à la connaissance de l'humanité, il chantera le psaume de la mort de Dieu, parodiant Pascal : «Dieu n'existe pas! joie, pleurs de joie (...) plus d'enfer, rien que la terre.» Il reste à constater que l'idée de Dieu, toujours niée mais toujours combattue, entretient dans la pensée de Sartre «ces dialogues pascaliens avec l'absence de Dieu». (Raymond Aron)

## ACTE III - SCÈNE III

**RÉSUMÉ**

*Électre se lève lentement.*

Elle demande à son frère de la laisser. Doit-il donc perdre sa sœur qu'il vient seulement de retrouver ? Oreste : «(...) unique douceur de ma vie, ne me laisse pas tout seul, reste avec moi.» Mais Électre répond en le traitant de voleur : ses quelques rêves, son calme, il les lui a pris, les mouches la tourmentent. Comme chef de famille, il a failli à sa tâche, il ne l'a pas protégée et son cœur est «une ruche horrible». Certes Oreste reconnaît qu'il a tout pris, il n'a rien à lui donner hormis son crime. Cet immense présent, qui pèse sur son âme comme du plomb, les enfoncera dans la terre ; ils iront, la main dans la main... vers eux-mêmes ; peut être trouveront-ils, au-delà des fleurs et des montagnes, un Oreste et une Électre qui les attendent. Électre refuse ce projet, bondit sur la scène en appelant Jupiter à son secours. Elle lui présente sa soumission et sa ferveur pour qu'il la défende contre les mouches, contre son frère. Elle promet enfin de consacrer sa vie à expier.

**COMMENTAIRE**

### Le dramaturge-poète

Dans cette scène, Électre rejette son frère avec un langage métaphorique d'une extrême violence. Des métaphores de sang, d'animal «écorché» : «tu m'as plongée dans le sang, je suis rouge comme un bœuf écorché». Ce langage répond à l'invitation pressante et douce d'Oreste : «Mon unique amour, unique douceur de ma vie» et souligne l'échec d'Électre dans l'acte de libération entreprise avec son frère. L'opposition de ton signifie la séparation définitive du «couple» Oreste-Électre. À ce reniement si cruellement exprimé, Oreste acquiesce sans adoucir les effets de son crime douloureux. Une métaphore née du langage familier liée à la vie quotidienne rurale, décrit la vie qui les attend : «... à présent nos pieds s'enfoncent dans la terre comme les roues d'un char dans une ornière (...) courbés sous notre précieux fardeau.»

## Un amour exigeant

L'amour s'exprime dans la rigueur et la dureté : Oreste sait qu'en délivrant le peuple d'Argos de la religion, il lui apporte solitude et désespoir. Cependant, il n'hésite pas, il sait que l'illusion doit disparaître, même au prix du désespoir, et que l'humanité commence au delà. Quant à Électre, qu'il aime plus que lui-même, il ne peut alléger ses souffrances, elle est libre, elle seule peut se délivrer.

## La liberté, pour quoi faire ?

C'est le héros qui célèbre cette liberté nouvelle et foudroyante en même temps qu'il découvre la solitude : il marche seul vers la chambre de sa mère, il la tuera seul, et poursuivi par les Érinnyes, il partira, seul encore. Électre ne peut se résoudre à partager cette vie inconnue et solitaire; elle va rejoindre le monde de la mauvaise foi, en refusant une nouvelle échelle de valeurs exigeante et angoissante. Elle choisit l'esclavage des préjugés religieux. Mais où va Oreste une fois libre ? Il semble partir pour le néant, l'absence, la solitude. Il lui manque une foi, une espérance qui lui permettrait de chercher un autre Oreste pour se fondre avec lui dans un «nous» rassurant.

# ACTE III – SCÈNE IV

**RÉSUMÉ**

*Les Érinnyes font un mouvement pour suivre Électre. La première Érinnye les arrête.*

Qu'on laisse partir Électre qui leur échappe, Oreste leur reste, il souffrira pour deux

*Les Érinnyes (...) se rapprochent d'Oreste.*

Oreste conçoit sa solitude; bientôt la faim le chassera de cet asile, dit une Érinnye. Les derniers mots d'Oreste sont destinés à Électre : «Pauvre Électre».

*Entre le Pédagogue.*

**COMMENTAIRE**

La réaction d'Oreste devant sa solitude après l'abandon d'Électre, témoigne du bouleversement qu'a produit sur lui son accès à l'**existence**.

Oreste : «Je suis tout seul, jusqu'à la mort, je serai seul, après...» Mais les mots de compassion sont réservés à Électre. «Pauvre Électre!».

## ACTE III - SCÈNE V

RÉSUMÉ

Le Pédagogue apporte quelque nourriture à Oreste, il leur faut attendre la nuit pour sortir et tenter d'échapper aux habitants d'Argos; les Érinnyes leur barrent la route. Oreste donne l'ordre d'ouvrir la porte.

*La foule repousse violemment les deux battants et s'arrête interdite sur le seuil. Vive lumière.*

## ACTE III - SCÈNE VI

RÉSUMÉ

La foule hurle à mort à l'apparition d'Oreste. Il interpelle ses sujets en se présentant comme Oreste, fils d'Agamemnon, roi d'Argos et leur adresse un discours. Il y a quinze ans, le peuple d'Argos a accueilli le meurtrier d'Agamemnon comme son roi et l'a reconnu comme un des leurs, sans courage pour assumer son acte mais «un crime que son auteur ne peut supporter ce n'est plus le crime de personne» et le vieux crime s'est mis à rôder entre les murs de la ville. Lui, Oreste revendique son crime. C'est pour le peuple d'Argos qu'il a tué, pour être des leurs, lié par le sang : toutes leurs fautes et tous leurs remords, il les prend sur lui, toutefois il ne s'assiera pas sur le trône de sa victime, il veut être «un roi sans terre et sans sujet». Pour eux comme pour lui, la vie commence. Il termine son discours en leur racontant l'histoire du joueur de flûte de Scyros, une ville infestée de rats; un jour celui-ci se leva et se mit à jouer de la flûte. Les rats se pressèrent autour de lui et le suivirent comme le font les mouches, «regardez les mouches». Le joueur de flûte disparut pour toujours, «comme ceci».

*Il sort; les Érinnyes se jettent sur lui en hurlant derrière lui.*

**COMMENTAIRE**

### L'acte gratuit

Oreste par ce discours entend provoquer un revirement dans l'opinion des gens d'Argos. «Vous avez horreur de moi parce que, par opposition à Égisthe, j'ai le courage de mes actes. J'ai commis un crime et je l'assume personnellement.» Alors qu'Égisthe avait diffusé ce crime à travers tout le peuple, lui le revendique, lui seul est responsable. Voilà le sens mystique, secret, profond et capital, de l'acte d'Oreste et du dénouement des *Mouches* : on peut porter les fautes d'autrui, on peut les libérer au risque de se rendre esclave soi-même.

### Le départ du héros

Pour le final, Sartre utilise une légende allemande qu'il transpose dans l'Antiquité; elle est rapportée dans *Le Rhin* par Victor Hugo. C'est l'histoire du preneur de rats qui fait sortir tous les rats d'un village en jouant de la flûte. Ici, contrairement au preneur de rats qui demandait une récompense, Oreste ne demande rien. Il s'en va «pour toujours». Pourquoi Sartre propose-t-il un tel dénouement ? Pour bien insister sur le but d'Oreste : libérer l'homme de sa hantise du péché originel. L'engagement d'Oreste est un engagement «action et liberté», comme le sera peu de temps après l'engagement du héros des *Mains sales* qui ne croit guère à ce qu'il va faire mais qui le fait parce qu'il a besoin de cet acte pour exister. Oreste doit partir, car sa présence «héroïque» est aussi pesante que le passé mythique dont il a libéré ses concitoyens; Oreste qui a emprunté, en les transformant, les attributs christiques, ne veut pas être le Christ ressuscité, condamné à hanter l'humanité. Il la laisse à sa totale et nue liberté. C'est sans doute le sens des dernières répliques, mais ce n'est pas le dernier mot de Sartre qui n'a jamais cessé de développer le thème de la liberté.

### Une autre lecture du dénouement

En 1943, pour échapper à la censure, les ambiguités sont nécessaires : qu'est-ce qui pouvait choquer l'occupant dans cet existensialisme proche de Nietzsche ?

La liberté fait la force de l'homme libre. Oreste acquiert la sienne par un acte engagé quoique monstrueux. Cependant, cet acte n'apporte aux citoyens que le désespoir de la lucidité et ils préfèrent la terreur d'une autorité fondée sur l'illusion au libre exercice de la conscience démocratique. À la fin de la trilogie d'Eschyle, les mauvaises Érinnyes, déesses du remords deviennent les gardiennes de la loi civique, les bénéfiques Euménides. Chez Sartre, les Érinnyes demeurent et poursuivent Oreste, victime expiatrice mais libre, indifférente, forte. Cette leçon donnée d'un individualisme héroïque n'est pas une réponse claire à l'occupant allemand, mais à partir de 1946, dans *L'Existentialisme est un humanisme*, Sartre décrit les fondements de la dignité de l'homme et le double aspect de sa responsabilité :

«Ainsi la première démarche de l'existentialisme est de mettre tout homme en possession de ce qu'il est et de faire reposer sur lui la responsabilité totale de son existence; et quand nous disons que l'homme est responsable de lui-même, nous ne voulons pas dire que l'homme est responsable de sa stricte individualité mais qu'il est responsable de tous les hommes».

# Synthèse littéraire

## STRUCTURE

Jean-Paul Sartre utilise les données dramaturgiques du théâtre classique pour écrire sa première pièce. Les personnages se révèlent au spectateur par l'action verbalisée.

La scène, lieu du conflit, est toujours «un champ de bataille». Conformément au théâtre grec, à l'œuvre dramatique de Shakespeare, au théâtre classique, *Les Mouches*, même si le combat a changé de forme, met en scène une action conflictuelle dont les armes, devenues verbales, sont tout aussi dangereuses et fatales.

Dès le début de la pièce, **l'exposition** (*cf.* Acte I, scène 1), les personnages de la pièce, Oreste et Électre, pourraient dire d'eux-mêmes: «Je suis une force qui va». Le premier acte met en scène la rencontre de forces antagonistes: Oreste **affronte** les mouches, l'hostilité des habitants d'Argos, l'opposition de Démétrios-Jupiter (scènes 1 et 2). Le conflit se durcit dans sa logique interne: Jupiter tente de faire partir Oreste, Électre affronte violemment Clytemnestre, mais surtout pèse sur la ville et ses habitants la présence menaçante des mouches, rappel d'un passé terrifiant (scènes 4, 5, 6).

Au cours du premier tableau de l'acte II, **l'action progresse** de façon inéluctable selon un mouvement provoqué par la dynamique des forces en présence lors de la fête des morts: la foule figée dans l'attente (scène 1), est agressée par le discours du roi (scène 2), puis sur le point de s'élancer vers la libération, incitée par Électre. La progression dramatique, qui semble faire une pause par suite de l'intervention de Jupiter et du renvoi d'Électre, **reprend son mouvement** et arrive au moment paroxystique à la fin du tableau : Électre a reconnu Oreste, le meurtre du roi et de la reine est décidé (scène 4). Il ne reste plus que le deuxième tableau de l'acte II et l'acte III pour que la crise, nouée dans le premier tableau, **soit dénouée**. « Il faut qu'il y ait action, qu'à la question « qu'arrivera-t-il ensuite ? », la réponse résulte, par force (...), de la situation ».

## SOURCES ET PROLONGEMENTS

Toute l'histoire des *Mouches* repose sur les aventures légendaires et fatales des Atrides, c'est-à-dire, les fils d'Atrée, roi d'Argolide. Eschyle, Sophocle, Euripide, Racine, Voltaire, Gœthe, Gluck, Giraudoux et Sartre trouveront dans cette famille, le souffle de quelques chefs-d'œuvre.

Sartre a choisi de s'attacher plus particulièrement à Électre et Oreste, son frère, enfants du roi Agamemnon et de la reine Clytemnestre. Ils ont pour sœur Iphigénie. Lors de la guerre de Troie, Agamemnon est choisi comme chef suprême des armées. Dès le départ, les vents ne soufflant pas, les vaisseaux restent immobilisés. Pour obtenir des vents favorables Agamemnon consent à sacrifier sa fille Iphigénie à la déesse Athéna. Dans le même temps, loin de son royal époux, Clytemnestre se laisse séduire par Égisthe qui prend l'intérim du pouvoir. Pour fêter le retour glorieux du roi guerrier, Égisthe offre un banquet à l'issue duquel, Clytemnestre, qui n'a pas pardonné à son époux la mort de sa fille, le tue. Dès lors leur fille Électre n'aura de cesse de convaincre Oreste de tuer l'usurpateur qu'elle estime la cause de tous les drames de sa famille.

Voici brièvement résumées les grandes périodes de la vie des Atrides que Sartre connaissait certainement au travers des trois grandes tragédies grecques.

La première est la tragédie d'Eschyle, *Les Choéphores*, second volet de la grande trilogie : *Agamemnon*, *Les Choéphores*, *Les Euménides* et représentée en 458 av. J.-C. ; Oreste, inspiré et protégé par le dieu Apollon, y est l'instrument d'une justice divine, mais il n'en est pas moins le meurtrier de sa mère, ce qui le marque d'une souillure quasi-physique. Dans le théâtre d'Eschyle, la notion de souillure est plus importante que celle du remords.

Les Érinnyes, qui ont pour fonction de protéger l'ordre établi, tirent vengeance de tous les délits capables de le troubler. Elles s'acharnent sur leurs victimes comme... des mouches, jusqu'à les rendre folles. Oreste apprendra à les connaître. Dans *Les Euménides*, le grand Tribunal athénien, l'Aréopage, présidé par la déesse Athéna, juge Oreste et l'acquitte. Le vote se fait à partage égal des voix, mais selon le règlement, la voix du président compte pour deux. C'est donc la voix d'Athéna qui libère Oreste. Dans la perspective d'Eschyle, ce jugement libère l'homme de la fatalité pour lui donner accès à la liberté, instaurant ainsi la réconciliation des dieux et des hommes : les Érinnyes, déesses de la vengeance, deviennent les Euménides, déesses de la protection.

Chez Sophocle, la tragédie *Électre*, a été représentée vers 420 av J.-C. La fille d'Agamemnon, habitée par un désir de vengeance, qui se confond avec une soif de justice, pousse Oreste à agir. Il tue leur mère et Égisthe son amant. Ses derniers propos sont : «O! race d'Atrée, à travers combien d'épreuves es-tu enfin, à grand-peine, parvenue à la liberté! L'effort de ce jour couronne ton histoire». La vengeance d'Oreste est donc une reprise destinée à libérer de la fatalité les descendants d'Atrée, en même temps, la tragédie célèbre la progression de la civilisation grecque au Ve siècle.

Euripide a fait représenter sa tragédie *Électre* en 413 av J.-C. L'histoire est un peu différente : punie à cause de son caractère révolté, Électre vit à la campagne dans une petite ferme, hors de l'enceinte du palais. Elle est mariée à un paysan, un personnage extraordinaire. Il respecte tellement la princesse que le mariage n'a jamais été consommé. Cependant pour attirer sa mère et Égisthe près d'elle pour permettre à Oreste de les tuer, Électre feint d'être sur le point d'accoucher. Bien qu'il s'agisse d'une tragédie, cette situation engendre des scènes proches du burlesque. Une fois le double meurtre accompli, leurs oncles, frères de Clytemnestre : les Dioscures, littéralement les fils de Zeus, les célèbres Castor et Pollux, interviennent. Ils annoncent à Électre et à Oreste horrifiés par leur parricide que l'Aéropage (référence à Eschyle) va absoudre Oreste. Mais ils accusent Apollon, dans son rôle d'oracle de Delphes d'avoir incité des mortels à une vengeance horrible.

Cette tragédie a néanmoins une fin heureuse : Électre épouse Pylade, son cousin, (sa mère est la sœur d'Agamemnon) et le meilleur ami d'Oreste.

Voici donc un thème traité de trois façons différentes par les Anciens. Cependant la même définition de la liberté les réunit. Cette liberté n'est pas envisagée dans l'abstrait, mais dans l'histoire, une histoire mythique, certes, mais qui se veut, dans le cadre athénien, le correspondant d'une histoire vraie. C'est la fin de la sujétion et de la malédiction pour la malheureuse famille des Atrides.

## *LES MOUCHES* ET LE PROBLÈME DE LA LIBERTÉ

Sur *Les Mouches*, les témoignages de l'auteur ont été recueillis dans *Les Écrits de Sartre* de Michel Contat et Michel Rybalko. La pièce rédigée en 1941-1942, publiée l'année suivante a été créée en 1943 par Charles Dullin. Une première remarque s'impose : Sartre dit avoir voulu faire une « œuvre d'actualité » ; après la Libération il déclare : « Pour quoi faire déclamer des Grecs si ce n'est pour déguiser sa pensée sous un régime fasciste ? Le véritable drame, celui que j'aurai voulu écrire, c'est celui du terroriste qui, en descendant des Allemands dans la rue, déclenche l'exécution de cinquante otages. » (p. 90) Il dit encore : « ... il fallait alors redresser le peuple français et lui rendre courage ». Tel est le premier objectif de la pièce.

Sartre lui donne une plus vaste portée en présentant *Les Mouches* comme une tragédie de la « fatalité retournée », c'est-à-dire de la liberté : « J'ai montré Oreste en proie à la liberté, comme Oedipe est en proie à son destin... La liberté c'est l'engagement le plus absurde et le plus inexorable... J'ai voulu traiter de la tragédie de la liberté, en opposition avec la tragédie de la fatalité. » (p. 90) « Il s'agit dit-il, dans un texte de 1948, d'une triple libération : libération métaphysique, libération artistique, libération politique et sociale. »

Au fur et à mesure des témoignages, le champ de cette œuvre s'élargit, mais le point de départ n'en reste pas moins grec, peut-être heureusement pour l'auteur car le mythe grec est particulièrement simple et riche. Pour Sartre, il s'agit moins d'une histoire que de l'expression d'une idée ou d'un ensemble d'idées. Son objet est de redéfinir la liberté humaine et d'inventer une nouvelle manière de héros. Dans *Les Mouches*, cette liberté, il la redéfinit, non pas en luttant contre la fatalité, mais à travers le caprice d'un dieu : Jupiter. Où est donc la morale, semble nous dire Sartre ? Quelle soit laïque, religieuse, donc chrétienne, ou sceptique et chère à Montaigne, il la rejette.

Sartre dénonce la mauvaise conscience collective et le remords individuel. À propos des *Mouches*, il a écrit : « Vichy voulait nous enfoncer dans le repentir et dans la honte », ce que d'ailleurs traduisent admirablement certaines déclarations comme : vos parents ont commis des fautes, ils ont été paresseux, ils n'ont pas voulu travailler et c'est pour cela que maintenant vous êtes occupés, et cette occupation doit être pour vous du plus grand profit moral. En fait, son projet est beaucoup plus vaste. Avant le dialogue de Jupiter et de la vieille, on prépare la grande cérémonie de l'évocation des morts et voici ce qui se dit entre ces deux personnages :

**Jupiter** : Ne te soucie pas de ce que je suis ; tu ferais mieux de t'occuper de toi-même et de gagner le pardon du ciel par ton repentir.

**La vieille** : Ah! je me repens, Seigneur, si vous saviez comme je me repens, et ma fille aussi se repent.

**Jupiter** : C'est bon, vieille ordure, et tâche de crever dans le repentir. C'est ta seule chance de salut.

C'est là l'image d'un certain christianisme, décrit et dénoncé par le dramaturge.

Dans la tradition des *Électre*, l'œuvre la plus intéressante, en dehors des *Mouches* est certainement celle de Giraudoux (1937). Celui-ci respecte les éléments essentiels du drame, il sent parfaitement l'horreur de la fatalité, symbolisée par le vautour qui, au fur et à mesure du déroulement de l'action projette une ombre toujours plus grande et toujours plus noire sur les personnages. Seulement, il leur fait un reproche fondamental : c'est d'avoir défié les Dieux.

Giraudoux a une théologie tout-à-fait originale : les Dieux sont somnolents, endormis dans l'Olympe. Il faut que les hommes les traitent délicatement, et respectent cette somnolence, qu'ils refusent la « gloire » qui est meurtrière et qu'ils se contentent des charmes du quotidien. Pour souligner tout cela, l'auteur manifeste son opposition au meurtre en montrant une Clytemnestre, (d'ailleurs un peu inspirée par celle de Voltaire) exquise, douce et de bonne volonté, et un Égisthe transformé en bon roi.

## L'INSPIRATION MYTHOLOGIQUE DANS LE THÉÂTRE FRANÇAIS

On assiste, dans les années 30, à un retour des mythes antiques au théâtre, retour dont Cocteau fut sans doute l'initiateur. En 1927, il fait paraître *Orphée*. Pendant une vingtaine d'années des pièces d'inspiration mythologique vont se succéder. Les légendes gréco-romaines de portée universelle sont réactualisées véhiculant les interrogations des dramaturges contemporains.

Dans *Les Mouches*, Jean-Paul Sartre s'inspire de la légende des Atrides abondamment traitée dans le théâtre grec. Les trois personnages :

Oreste, Clytemnestre, Égisthe se retrouvent dans *Les Choéphores* d'Eschyle, *Électre* de Sophocle, *Électre* d'Euripide, *Agamemnon* d'Eschyle, *Agamemnon* de Sénèque.

Le personnage d'Électre dont s'inspire Sartre est la fille d'Agamemnon et de Clytemnestre. Lorsque cette dernière tue son royal époux avec l'aide de son amant, Égisthe, Électre, pour protéger son jeune frère, Oreste, l'emmène clandestinement chez son oncle (le frère de son père). Plus tard, encouragé par sa sœur, Oreste reviendra commettre son double forfait. Voilà l'Électre que Sartre a choisi, elle ressemble à l'Électre des *Choéphores* et à celle de Sophocle, mais il a su lui donner quelques particularités qui en font une création originale.

## RESSEMBLANCES

Pour Eschyle et Sophocle, comme dans la tradition mythologique, l'histoire est la même : Électre vit au palais royal, pleurant la mort de son père, tenue à l'écart, humiliée comme une esclave par les usurpateurs. Dans sa haine pour le couple royal, son seul espoir est le retour de son frère qui vengera son père et changera sa vie. Dans *Les Mouches*, comme dans *Les Choéphores*, Électre n'assiste pas au meurtre d'Agamemnon, mais dans la pièce de Sophocle, Électre décide d'assassiner Égisthe, et elle excite Oreste à redoubler ses coups, à chaque cri poussé par Clytemnestre blessée.

## DIFFÉRENCES

Dans *Les Mouches*, Électre participe moralement au meurtre de sa mère, mais dès l'instant où Oreste part pour tuer Clytemnestre, elle s'interroge, s'émeut devant le parricide. Ce n'est que dans une seule scène (acte II, scène 4) qu'elle accepte de partager la joie de l'acte libérateur de son frère, mais, condamnée par le dramaturge à entrer dans le monde des salauds, elle refuse d'assumer le crime, se voue à l'expiation, et abandonne Oreste.

## INTÉRÊT DE LA MODERNISATION DES MYTHES

On peut s'interroger sur le sens de cette actualisation des mythes. Le XXe siècle a fait du mythe un instrument de réflexion sur l'action humaine, en lui enlevant sa fonction antique : susciter la terreur et la pitié devant l'intervention des dieux. Par ailleurs les versions diverses du même mythe, source de richesse et d'ambiguïté permettent des interprétations très variées ; dans l'Entre-deux-Guerres et au cœur de la guerre de 1939-1945, les mythes offraient des paraboles historiques. Ainsi *La Guerre de Troie n'aura pas lieu* de Giraudoux (1935), montrait l'angoisse d'une nouvelle guerre mondiale ; en 1943, Sartre voit dans l'acte d'Oreste le symbole de la liberté ; le mythe des Atrides inspire l'*Électre* de Giraudoux qui y lit le drame de la justice et de la pureté (1937).

# Sommaire de *Huis clos*

Dans un salon Second Empire, sont enfermés pour l'éternité, trois morts, Garcin, Estelle et Inès qui s'étonnent de ne pas trouver là, le bourreau et les instruments de torture.

Garcin, le premier arrivé, perçoit peu à peu les éléments de sa condition de prisonnier, privé à jamais de sommeil et de contact avec le monde extérieur. Inès est introduite, très sûre d'elle ; malgré les efforts de Garcin, ils se rendent réciproquement insupportables. Le troisième personnage, Estelle, une jeune et jolie femme, arrive à son tour, demandant pourquoi ils sont réunis en enfer ; ils évoquent le passé qui a suscité leur damnation mais Garcin le journaliste, Inès, l'employée des postes, Estelle la jeune mondaine ne comprennent pas ce qui a motivé leur réunion, à trois, dans ce salon. Ils s'attendaient à retrouver leurs victimes ; leur réunion est peut-être due au hasard. Inès, plus clairvoyante, comprend que tout a été prévu, que le bourreau est « chacun de nous pour les deux autres ».

Après une vaine tentative de cohabitation silencieuse, ils avouent leur crime. Garcin, militant pacifiste a trahi sa cause pour s'enfuir ; arrêté, il a été fusillé et il est mort lâchement. Inès, lesbienne, a poussé au désespoir une amie qui l'a tuée et s'est suicidée. Estelle a noyé l'enfant qu'elle a eu de son amant qui s'est tué. Inès tente de séduire Estelle qui n'attend que les attentions de Garcin ; elle refuse le pacte d'assistance mutuelle que lui offre Garcin mais fait un accord avec celui-ci pour qu'il lui abandonne Estelle. Celle-ci la repousse, se tourne vers Garcin.

Or leur couple ne peut se défendre du regard d'Inès, de ses sarcasmes, de sa méchanceté. Dégoûté de la lâcheté des deux femmes, Garcin supplie que la porte s'ouvre et qu'il soit englouti par les souffrances physiques. La porte s'ouvre mais aucun d'eux n'a le pouvoir de sortir ; ils comprennent qu'ils sont inséparables, que « l'enfer c'est les autres ». Un éclat de rire grinçant accompagne la dernière réplique. Garcin : « Eh bien, continuons ».

# Les personnages

## Garcin

Son entrée en scène le caractérise immédiatement; son apparente indifférence, sa nervosité, ses questions au garçon annoncent un homme dépourvu de maîtrise de soi. Il affecte le courage, or, dès son premier contact avec Inès, celle-ci lui apprend que la peur l'habite. Ce que le spectateur apprend de son passé correspond à sa conduite dans le présent; il a fui devant la guerre, il a manqué de courage physique devant le peloton et devant l'enfer physique qu'il a appelé de toutes ses forces, il recule encore. Mais il a une excuse pour expliquer chaque recul, «il voulait témoigner» en fuyant, il est resté en enfer pour convaincre Inès. En sacrifiant son échelle de valeurs proclamée (le pacifisme) il s'est privé de sa liberté; de là nait son angoisse. Sous le regard d'Inès, sa mauvaise foi ne lui sert plus à rien. Il sait qu'il est responsable de ce qu'il attribuait à la nécessité, en refusant d'assumer jusqu'au bout le libre choix de ses idées et de sa conduite.

Garcin se révèle à chaque moment de la pièce à travers une mauvaise foi qui l'entraîne au mensonge, au sadisme, à la grossièreté. C'est par là que, jusqu'au bout, il va tenter d'exister et de manifester sa libre volonté.

## Inès

Son entrée dans le salon la place déjà à l'écart des deux autres personnages. Son silence étonne le garçon, son agressivité immédiate envers Garcin témoigne de ses certitudes : elle connaît sa situation, «Nous sommes en enfer». Tout son discours va à l'encontre de ceux de Garcin et d'Estelle : sa lucidité, son indifférence pour le passé, son refus d'alibi semblent la rendre invulnérable mais, très habituée à l'introspection, elle sait situer et reconnaître sa faiblesse. «C'est toi qui me feras du mal, mais qu'est-ce que ça peut faire ? Puisqu'il faut souffrir, autant que ce soit par toi».

À l'égard des deux autres, elle se comporte en bourreau et manifeste un plaisir sadique en les faisant souffrir. Mais elle ne peut s'accepter comme homosexuelle et trouve un palliatif à cette honte, dans la méchanceté. En passant de la déclaration d'amour à des accès de colère devant un couple amoureux, elle sait – et ce sera-là sa punition – qu'elle ne possèdera jamais Estelle, éternellement présente sous ses yeux.

**Estelle**

Comme Garcin, elle se révèle au spectateur dès son entrée en scène, elle refuse de «voir» la réalité infernale qu'elle affronte. En adoptant un comportement mondain, elle pense pouvoir se protéger, se sauver; elle fait dès le début «comme si...». Échappant à son milieu social par un mariage bourgeois, elle a existé en méprisant les autres. Son étonnement dédaigneux devant le métier d'Inès, sa conduite hautaine envers le garçon caricaturent le comportement bourgeois. Sa mauvaise foi lui inspire des excuses pour justifier sa lâcheté, «un bon sentiment», l'obéissance aux devoirs familiaux, le coup de foudre, voilà qui cautionne un mariage de raison et l'adultère. Appuyée sur ces valeurs, Estelle est plus forte que ses compagnons: Garcin et Inès devront en arriver aux méthodes policières d'un interrogatoire serré, pour lui extorquer la vérité, c'est-à-dire l'aveu de l'infanticide. Sa défense essentielle première est le recours à l'imaginaire; si Garcin se prête au jeu, elle pourra, en enfer, vivre comme si elle n'était pas morte. Mais Inès représente un obstacle insurmontable et il restera à Estelle le recours à la haine et au meurtre. En poignardant Inès, elle vivra enfin l'instant où elle rencontrera sa situation de morte. Désormais, elle ne peut plus nier la réalité dont elle est l'esclave: pour elle, la punition consiste à vivre dans la réalité qu'elle a niée toute sa vie.

# Résumés et commentaires

## SCÈNE PREMIÈRE

### RÉSUMÉ

Introduit dans un salon Second Empire par un garçon d'étage, le personnage, un homme, commente avec quelque hésitation le décor de la pièce.

Cet ameublement est-il le même partout, demande-t-il ? Mais non, répond son interlocuteur, des visiteurs de Chine et d'Inde viennent ici, que feraient-ils de ce salon ? Garcin, c'est le nom du personnage, n'est concerné en rien par ce décor. Peu importe, toute sa vie, il l'a vécue dans des meubles qui ne lui plaisaient pas et dans des situations fausses. Une brève complicité avec le garçon suscite un éclat de rire. Garcin s'étonne alors de ne pas trouver d'instruments de torture. La réponse ironique du garçon le rassure. Il constate aussi l'absence de glaces, de fenêtres, « naturellement » ajoute-t-il. Et pourquoi lui a-t-on enlevé sa brosse à dents ? Le garçon, encore ironiquement, dit retrouver dans cette dernière question, un sursaut de la dignité humaine. Garcin s'emporte, mais c'est une question régulièrement posée par les clients, explique le garçon, une fois fait le constat de l'absence d'instruments de torture. À quoi servirait-il de se brosser les dents !

Garcin calmé acquiesce, les glaces sont inutiles, mais pas le bronze, un objet à regarder de tous ses yeux. Pas de lit non plus, on ne dort jamais, bien entendu ? Le garçon confirme et Garcin de poser une question qui semble ne pas en être une : «Pourquoi dormirait-on ?» Il décrit avec minutie l'endormissement et ses charmes. Quel discours romantique! dit le garçon. Garcin reprend ses commentaires à partir du terme «romanesque» et enfin il découvre en quoi la situation est tellement pénible. «C'est la vie sans coupure». Son interlocuteur ne comprend pas mais brusquement Garcin trouve la raison de l'indiscrétion grossière et insoutenable du regard du garçon : «Ses paupières sont immobiles», or les paupières, par leurs battements, les clins d'œil, permettent de faire la coupure, «Quatre mille repos dans une heure». Il s'interroge alors sur le jour, en fait la lumière artificielle, ce que confirme le garçon, sur l'«ailleurs» au bout du couloir, les autres chambres et puis ? «C'est tout» lui est-il répondu.

Peut-on éteindre la lumière ? Seule la direction peut le faire et l'électricité est fournie à discrétion. Il faut donc «vivre les yeux ouverts» dit Garcin, et le garçon de répéter ironiquement «vivre»; c'est le moment pour lui de s'en aller, comment Garcin peut-il l'appeler pour le faire venir ?

La sonnette est bien là mais le mécanisme ne fonctionne pas. Une dernière question sur un objet posé sur la cheminée, un coupe papier. À quoi sert-il, puisque, selon les dires du garçon, il n'y a pas de livres ici.

**COMMENTAIRE**

## Une exposition «en situation»

L'exposition a pour fonction de transmettre les informations aux spectateurs qui sont censés ne rien savoir de l'action. La communication théâtrale repose sur le principe de la double énonciation : les répliques proférées s'adressent à tel ou tel personnage mais le public en est le destinataire principal. Sur la scène vide, entre un personnage (Garcin) dont les premières répliques décrivent le comportement. Le lieu, «le salon Second Empire», est vu à travers son regard.

Le choix du moment n'est pas indifférent. Il s'agit du jour précis de l'entrée en enfer des personnages : leur situation va favoriser la révélation de leur être : chacun a sa dernière situation à vivre, unique, plus de choix possible «les héros sont des libertés prises au piège comme nous tous». Ils ont quatre scènes pour le comprendre. La fixité de la lumière, soulignée dans les répliques, marque le caractère inexorable d'un au-delà clos, d'une vie sans sommeil, sans un clignement de paupières, c'est-à-dire sans obscurité et «sans coupure». L'éclairage donne à la pièce une densité dramatique remarquable.

La fonction du lieu se révèle dans la question «Où sont les pals ?». Les objets présents sont cités : un bronze de Barbedienne, trop lourd à soulever, tout comme ceux, absents, la brosse à dents, la glace.

Garcin décrit alors la situation dans ce lieu : on ne dort pas, il fait toujours jour et derrière la porte fermée, dit le garçon d'étage, on trouve d'autres pièces et d'autres couloirs. Enfin l'ironie de la réplique : «vivre», donne la clé de la signification de la scène. Garcin est en enfer, mort ; le fonctionnement arbitraire de la sonnette et de la porte, la présence futile d'un coupe papier, concourent au sens de la scène.

## La mise en scène de l'émotion

Dans son ouvrage *Esquisse d'une théorie des émotions*, Sartre définit l'émotion comme un désir de changer le monde quand l'action ne peut plus le faire. Garcin lors de son arrivée dans ce lieu infernal, à la fois pour impressionner le garçon et pour se donner l'illusion de pouvoir modifier l'angoissante situation, manifeste fréquemment sa nervosité, décrite dans les didascalies* : il va et vient, redevient sérieux tout à coup, frappant le bras du fauteuil avec colère, soupçonneux, sursautant. Ces manifestations de l'émotion apparaissent également chez Inès et Estelle (*cf.* la scène 5) et concourent au même but.

## Le décor et le sujet de la pièce

Le décor est volontairement laid pour les spectateurs de notre époque : un salon Second Empire, bronze affreux parce que de Barbedienne (*cf.* la synthèse littéraire p. 103). Au lever du rideau, dans ce décor, Garcin retrouve les discordances de sa vie, et, plus tard, Estelle se dira sensible aux couleurs disparates : ces réactions suffisent à montrer l'interdépendance étroite du décor et du sujet «l'enfer, c'est les autres».

## SCÈNE 2

RÉSUMÉ

### Didascalies du début de scène

La scène 2 est précédée de longues didascalies, composées de phrases juxtaposées dont les verbes d'action décrivent avec précision les gestes de Garcin, seul en scène. Les phrases courtes (sujet suivi d'un verbe) se succèdent avec rapidité et rendent compte de l'agitation inquiète et croissante du personnage. Une seule réplique, Garcin appelle deux fois le garçon, quelques lignes de didascalies mettent en place une scène muette, courte, dans laquelle se suivent les indications de silence, du mouvement de Garcin, des bruits, des gestes. Elle se déroule, scandée par les indications temporelles (« puis, subitement, à ce moment ») et précède l'ouverture de la porte, l'entrée d'Inès, suivie du garçon.

COMMENTAIRE

### L'art du symbole*

Les objets dans *Huis clos* sont le bronze, la sonnette, la porte, le coupe-papier. Les didascalies de la scène : « *Il va au bronze et le flatte de la main* », indiquent combien le bronze est un élément **en soi***, un élément de la possibilité de matérialité. Il est effectivement le monde de l'être, plein, pur, dur, il **est**. Au cours de la scène 2, qui fait partie de l'exposition, Garcin flatte le bronze, le caresse. Déjà, dès la scène 1, il avait établi une différence entre le bronze et une glace, objet spécifique qui permet de se voir comme objet et sujet, objet qui lui manquait. C'est seulement dans la dernière séquence de la scène 5 que nous comprendrons l'importance de ce symbole. Garcin alors réalise sa différence, « le bronze sur la cheminée immuable », c'est l'objet, **ce que l'homme ne peut être puisqu'il est conscient**, mais ce qu'il risque de devenir dans la conscience des autres qui l'immobilisent comme une chose.[1]

Le spectateur peut alors se concentrer sur l'objet-symbole, un en soi massif, ce que deviendra Garcin, aux yeux d'Inès dans la scène 5. Le

1. L'objet ne pense pas le monde extérieur, il est en soi* selon la formule sartrienne. L'homme est conscient ; Sartre traduit : « il est pour soi* ». Il juge le monde.

spectateur vivant, comme les personnages morts, par leur rapport aux objets, appartiennent **au monde «à l'endroit»** mais tout, sur scène, appartient **au monde à l'envers** : une lumière crue qui ne disparaît jamais, un bronze impossible à soulever, une porte verrouillée de l'extérieur, un coupe-papier inutile dans une pièce sans livres. «Les objets qui manifestent d'eux-mêmes leur ustensilité mais avec un pouvoir d'indiscipline et de désordre, une sorte d'indépendance pâteuse qui nous dérobe soudain la fin quand nous pensons la saisir.» (Paul Henri Simon, *Théâtre et destin*, Armand Colin, 1966, p. 170)

Dès le début de la pièce, cette dissonance constitue un ressort dramatique important.

## SCÈNE 3

### RÉSUMÉ

Sur le point de répondre à la question du garçon à propos de l'appel de la sonnette, Garcin jette un coup d'œil sur Inès, invitée à poser les questions attendues. Devant son silence, le garçon déçu s'étonne mais n'insiste pas. Garcin, aussi bien que lui, répondra au sujet de la sonnette, du bronze de Barbedienne et de la brosse à dents.

Inès lance à Garcin une question à propos d'une certaine Florence; Garcin ne peut répondre et comme celle-ci le prend pour le bourreau, il décline son identité : «Garcin, publiciste et homme de lettres». Elle-même s'appelle Inès et insiste sur le terme «Mademoiselle» qui précède son nom. La conversation lancée par Garcin porte sur l'aspect des bourreaux que l'on reconnait parce qu'ils ont l'air d'avoir peur mais de qui ? De leurs victimes, dit Inès, elle sait ce qu'elle dit pour s'être regardée elle-même dans la glace. En tout cas, Garcin, lui, n'a pas peur, dit-il, bien que conscient de la gravité de la situation. Leur réunion dans un même lieu peut être gênante pour chacun d'eux, et la seule façon de coexister, sans difficulté, c'est de conserver entre eux une extrême politesse. Hélas, Inès affirme qu'elle ne possède pas cette qualité. Garcin sera donc poli pour deux. Il est assis sur un canapé, Inès se promène et remarque un tic sur le visage de son compagnon. « Il prétend être poli, dit-elle, mais laisse son visage à l'abandon », ce qui d'ailleurs révèle sa peur. Et elle, n'a-t-elle pas peur, demande Garcin ; « plus maintenant, dit-elle, c'était bon avant quand nous gardions de l'espoir ». Garcin reprend le terme « avant » pour le placer dans le contexte du moment ; ils sont toujours « avant » puisqu'ils n'ont pas encore commencé de souffrir.

**COMMENTAIRE**

## L'exposition

La scène 3 informe le spectateur de la présence du deuxième personnage et de la récurrence des thèmes annoncés dans les scènes précédentes.

Notons l'habileté du dramaturge dans la présentation des personnages : pour le spectateur, ce sont des inconnus : Garcin s'est présenté lui-même mais incomplètement ; dès la scène 3 il présente Inès, mais en laissant planer un mystère.

Quant au lieu, au temps, au décor, Inès les perçoit mais différemment de Garcin ; de plus, elle permet au spectateur de progresser dans la connaissance de celui-ci à travers ses répliques abruptes et révélatrices ; elle-même fait son portrait dans une tirade qui, très vite, met en place les problèmes des relations à autrui (la politesse, la peur niée, mais agressivement présente sur le visage) ; les thèmes essentiels s'installent : **l'enfer et l'attente, les problèmes de relations.**

## Le dialogue

Il est remarquablement construit : un enchaînement habile qui entraîne les répliques (reprise du mot de la réplique précédente au début de la suivante, pronominalisation qui actualise constamment les échanges (**je** comprends.. **je** ne suis) ; un rythme varié, peu de tirades, une accumulation de répliques courtes qui construisent une parfaite imitation du dialogue réel, une excellente insertion des tirades et une réelle cohérence interne de chacune : l'analyse de la tirade de Garcin montre qu'elle est tout entière consacrée à **une argumentation bien menée** (prémisses, arguments, conclusion).

## SCÈNE 4

**RÉSUMÉ**

Une jeune et jolie femme, introduite à son tour, fait erreur sur l'identité de Garcin qui a enfoui son visage dans ses mains. Attend-on encore quelqu'un, demande-t-elle ? La réponse négative du garçon la rassure, elle multiplie alors les mondanités à propos de la couleur du canapé qui lui est réservé, vert épinard, couleur qui jure avec le bleu de ses vêtements. Inès lui propose le sien, bordeaux, non, le seul qui conviendrait, c'est celui de Garcin. «Il est à vous madame». Elle se nomme : Estelle. Inès passe devant Garcin au moment où il allait se nommer et se présente : Inès Serrano. Garcin donne enfin son nom : Joseph Garcin. Estelle congédie le garçon qui s'incline et sort.

**COMMENTAIRE**

### L'arrivée d'Estelle

Son entrée la décrit tout entière : un court instant d'angoisse, dû à sa méprise. Le spectateur comprendra dans la scène 5 le choc que pouvait ressentir Estelle en croyant retrouver dans le salon l'homme qui «s'était lâché un coup de fusil dans la figure» mais très vite, sa conversation avec Inès et Garcin révèle un refus total d'envisager la situation comme l'avaient fait, dès leur arrivée, Garcin et Inès : la longueur de ses répliques, la futilité de ses paroles (la couleur des canapés, de sa tenue), l'importance excessive donnée au détail («c'est une catastrophe!»), une attitude bourgeoise inopportune («faisons connaissance...»), enfin la formule hautaine et méprisante pour congédier le garçon.

Cette scène illustre un des fondements du théâtre de Sartre : la situation décisive (l'entrée dans l'univers de la mort) révèle d'un coup la personnalité d'un individu. Estelle n'est pas «essentiellement» frivole, méprisante, petite bourgeoise ridicule, mais elle est ainsi définie à partir du comportement qu'elle choisit d'avoir à ce moment précis.

### La fin de l'exposition

Cette scène marque la fin de l'exposition : quatre scènes pour réunir les personnages qui ne vont pas quitter le décor jusqu'à la fin de la pièce. Le spectateur connaît la situation initiale, les personnages et des éléments suffisants pour les qualifier; il connaît également le lieu et le moment de «l'action». Ces informations circulent à travers les didascalies et les répliques des personnages qui échangent dans le dialogue des propos destinés au spectateur.

Mais dans *Huis clos* il faut s'interroger sur le sens du mot action. Où se situe-t-elle ? Les quatre premières scènes la situent dans l'esprit des personnages et en cernent la première étape, la prise de conscience pour chacun de la «réalité» du lieu où ils se trouvent : une pièce fermée de l'extérieur (c'est-à-dire une prison), des conditions de «vie» tout à fait inhabituelles, absence de sommeil, inaction, aucun contact avec le monde extérieur, une appréhension du temps insolite. Garcin : «Il n'y a plus d'espoir, mais nous sommes toujours avant. Nous n'avons pas commencé de souffrir, (...) c'est la vie sans coupure». L'absence des instruments de torture attendus mais surtout l'attente du fonctionnement de cet enfer, ... une attente inutile d'un dénouement inexistant. Le spectateur n'attend rien, ce sont les personnages qui attendent.

## SCÈNE 5

### Structure de la scène

Plus longue que les quatre premières, elle constitue la fin de l'acte unique de *Huis clos*, fondée sur un agencement de structures variées, visibles dès la première séquence, qui se suivent, s'entrelacent, se superposent jusqu'à la dernière. Le repérage de la présence et du fonctionnement de ces structures permet d'accéder à la signification de la pièce tout entière. Mais pour les dégager avec clarté, il convient de les suivre à travers des mouvements ou séquences dramatiques, délimitées en fonction de la cohérence interne de l'action.

Nous suivrons d'abord une des structures essentielles, fondée sur le traitement et la signification de la temporalité. La scène se déroule dans un temps abstrait qui participe à l'éternel. On y accueille aussi le passé, en même temps que l'on voit se poursuivre simultanément la durée terrestre, et l'avenir même s'y dessine.

À la structure temporelle est liée la structure thématique, organisatrice elle aussi de l'ensemble; elle regroupe les trois thèmes essentiels : l'enfermement, le trio, le mort-vivant.

Les deux structures temporelle et thématique sont prises en charge par les contraintes de la structure dramatique. En effet, la progression dramatique, ici totalement originale, se développe dans une seule scène qui présente trois personnages séquestrés, à qui rien ne peut arriver, enfermés qu'ils sont pour toujours. Et la logique interne de la situation met en mouvement une action (malgré une absence d'intrigue) toute intérieure aux êtres, fondée sur deux prises de conscience qui en marquent les étapes :

– la conscience pour chacun d'eux d'être réellement en enfer, avec tout ce que cela comporte; une vie à trois obligatoire et éternelle, donc l'inutilité de toute révolte;

– la conscience angoissante du fonctionnement de cet enfer.

## SCÈNE 5 – PREMIER MOUVEMENT

*(p. 30-37)*

### RÉSUMÉ

Inès s'intéresse tout spécialement à Estelle à qui elle voudrait pouvoir offrir des fleurs mais celle-ci passe rapidement sur cette offre pour évoquer le moment présent et ce, dans la bonne humeur.

Au tout début, à la question : «Vous êtes...» Inès répond : «Oui, la semaine dernière. Et vous ?». «Moi ? Hier...». Estelle insère dans une tirade la description d'une scène, son enterrement, qui se passe sur terre. Elle le fait avec beaucoup de naturel, comme si elle la voyait. Elle en rend compte à travers des détails futiles : «le voile de sa sœur... Elle ne pleure pas à cause du rimmel....». De quoi est-elle morte ? D'une pneumonie répond-elle. Elle reprend son récit, décrit la cérémonie des condoléances, évoque son mari, malade de chagrin, dit à Inès : «Et vous ?». «Le gaz...». Même question à Garcin qui répond «Douze balles dans la peau». À Inès qui prononce le mot «mort», Estelle demande de ne pas user de mots «si crus» et elle remplace ce terme, «cet état de choses» par la formule : «Vous êtes absent depuis longtemps ?...»

La conversation donne des indications précises sur le lieu d'où ils viennent, Rio, pour Garcin, Paris pour Estelle. C'est au tour de Garcin de décrire la visite de sa femme à la prison exactement comme s'il la voyait. Inès intervient en interpellant Estelle, mais la conversation entre Garcin et la jeune femme se poursuit, il évoque ses nuits dans les salles de rédaction de son journal, si chaudes, «d'une chaleur de cloporte» et comme les deux femmes, il se met à décrire ce qui s'y passe, «c'est la nuit» dans la salle de rédaction. Les personnages vivent la coexistence de deux temporalités, la vie ici et maintenant dans le salon, et la vie là-bas, au même moment «Tiens, oui, c'est déjà la nuit, Olga se déshabille.» dit Estelle et Inès: «... Et la chambre est vide, dans le noir.»

Estelle les regarde tous deux avec stupeur et demande pourquoi ils ont été réunis; elle se rend compte qu'ils vont rester ensemble... mais elle s'attendait à retrouver famille et amis. C'est le hasard, dit Garcin. À Inès qui rit de cette trouvaille «le hasard», Estelle demande s'ils ont des relations communes, et elle cite telle famille de la bourgeoisie: Inès précise alors qu'elle est employée des postes. Quant à Garcin, il n'a jamais quitté Rio, seul le hasard les a réunis ; mais cette réponse ne lui convient pas. Elle pense, au contraire, que tout a été réglé, même cette chambre. De plus, eux-mêmes, tous les trois, sont assortis. Garcin brusquement intervient: il faut savoir les raisons de leur réunion, de leur «assortiment».

**COMMENTAIRE**

## Un dialogue rythmé

Les trois personnages présentés au cours des quatre premières scènes sont enfermés face à face et pour toujours. Le dialogue de cette séquence met en place la première tentative de communication; il est constitué d'une alternance de répliques courtes, très nombreuses, ponctuées par de rares tirades, deux d'Estelle, une de Garcin et une d'Inès. Chaque réplique s'enchaîne à la précédente en prenant pour appui un mot clé: «le hasard», «c'est tout», etc. Cette alternance rapide rythme un dialogue dans lequel rien n'est dit qui ne soit essentiel à la signification de toute la scène. Répliques et tirades s'organisent selon les structures visibles, celles de la coexistence et des différentes temporalités, la structure thématique qui regroupe les thèmes majeurs; et elles engagent un premier mouvement dramatique qui se situe par rapport aux propos de Garcin : «Alors tout est prévu».

## L'entrée en enfer

Estelle, Inès et Garcin s'initient à l'enfer avec difficulté; ils n'ont pas encore conscience que le temps chronologique leur est ôté et qu'ils vivent désormais un temps immobile. Aussi en ce jour de leur entrée en enfer, sont-ils encore très sensibles à ce qui se passe «là-bas», sur terre, au moment même où ils sont pour toujours «ailleurs»; ils vivent chacun une scène dont le choix et la description montrent au spectateur un comportement en rapport avec celui de leur arrivée.

Estelle choisit de s'étendre longuement sur la vision de son enterrement, dont les éléments décrits prendront un sens au cours de la scène.

Garcin préfère présenter la vision de sa femme, choisissant déjà d'échapper, par sa mauvaise foi à la version exacte des causes de sa damnation. Inès, fidèle à sa retenue, donne des signes de lucidité et de franchise : c'est la chambre du suicide qu'elle choisit de décrire et celle-ci est vide... Moment tragique pour les personnages, du fait de leur situation même : une appartenance fragile à un «ailleurs», perçu dans cette vision simultanée. Un ailleurs familier, peuplé d'êtres connus, qui s'écoule au rythme du temps des horloges («hier», «ils s'en vont comme tous les jours», «pas encore») et d'un «ici», le lieu de leur éternelle séquestration.

## Un début de conversation

La réunion des trois personnages suscite évidemment de nombreuses questions. La première réplique d'Inès provoque l'étonnement, pourquoi accueille-t-elle Estelle, si aimablement ? Le spectateur comprend que l'attitude d'Inès face à un homme ou une femme est différente. Mais rapidement les questions attendues fusent; même prononcées d'une manière elliptique, elles sont comprises de l'interlocuteur et du spectateur : la date, la cause de la mort, le lieu d'où ils viennent. Les réponses, très différentes, suscitent la curiosité du spectateur : «une pneumonie» (...), «le gaz» (...), «douze balles dans la peau». Celle d'Estelle, la «pneumonie», sépare déjà le personnage des deux autres. Comment une simple maladie peut-elle entraîner une telle sanction ? Les deux autres causes renvoient sans ambiguïté à une mort violente qui justifie mieux leur présence en enfer.

**La grande question**

Le comportement d'Estelle, dans les scènes précédentes, l'amène naturellement à poser la question essentielle : « Pourquoi nous a-t-on réunis ? » dit-elle (en les regardant tous deux avec stupeur). Inès, lucide, refuse l'interprétation d'Estelle : « le hasard ». « Non », dit-elle. Elle ajoute : « Et nous sommes assortis ». Elle provoque l'intervention de Garcin qui enchaîne en progressant dans l'« inquisition » : « Il **faut** savoir... » Relevons les italiques de « Il **faut** » qui donnent toute son importance à la modalisation ainsi que l'invitation d'Inès : « si seulement chacun de nous (...) ». Le trio est en place, il se voit existant dans la pièce face à un « ils » mystérieux : « Qu'est-ce qu'ils attendent ? », Inès : « Je ne sais pas, mais ils attendent ». Comme le spectateur...

## SCÈNE 5 – DEUXIÈME MOUVEMENT

*(p. 38-41)*

**RÉSUMÉ**

Inès alors propose, dans des termes violents, d'avoir chacun « le courage de dire ». Interrompue par Garcin, elle interroge d'abord Estelle : « Pourquoi a-t-elle été amenée ici ? ». Estelle se demande si elle n'est pas la victime d'une erreur, en effet, tant de gens « s'absentent ». Elle reprend le mot qu'elle a choisi pour remplacer « mort »; d'ailleurs n'est-ce pas préférable de proposer cette explication ? Inès poursuit l'interrogatoire et Estelle de raconter une histoire apparemment cohérente et plausible qui écarte toute responsabilité de sa part dans sa présence ici.

Garcin l'approuve et donne une version de sa propre histoire : directeur d'un journal pacifiste, au moment de la déclaration de guerre, il s'est croisé les bras et ils l'ont fusillé. Estelle, à qui il a demandé son avis, le réconforte, mais Inès dénonce la comédie qu'ils se jouent. « Nous sommes entre nous... entre assassins. Nous sommes en enfer ! ». Face aux violentes réactions d'Estelle et au geste menaçant de Garcin, Inès, avec une immense surprise comprenant enfin pourquoi on les a mis ensemble, explique ce qui lui paraît maintenant une évidence : pas de torture physique et pourtant ils sont en enfer, jamais personne ne viendra plus, il manque seulement ici le bourreau. Garcin acquiesce et à Estelle qui demande plus d'éclaircissement, Inès répond : « Le bourreau, c'est chacun de nous pour les deux autres ! »

**COMMENTAIRE**

## La violence de la parole

Garcin, puis Inès, ont exprimé le désir de savoir la raison qui les a conduits tous les trois en enfer. Un échange de questions très courtes engage le débat : « Quoi ? », « Plaît-il », « Qu'avez-vous fait ? ». À partir de cette dernière question d'Inès, la tension s'installe ; contenue pendant les tirades d'Estelle, elle apparaît dans l'intervention cruelle et ironique d'Inès à propos de Garcin : « Un héros », puis éclate au moment choisi par Inès pour arracher le masque du mensonge : « Pour qui jouez-vous la comédie ? » ; en deux répliques, elle parvient au paroxysme : Inès regroupe et crie les mots de vérité, insupportables aux deux autres : « Assassins, en enfer (...) Damnée la petite sainte. Damné le héros sans reproche (...) À présent il faut payer ». Cette courte séquence représente un des sommets de la scène.

## Le trio

À partir de ce moment comment vont-ils vivre à trois, projetés dans l'espace et le temps, pour une durée infinie, dans un lieu unique et réduit, où chacun est à la fois bourreau et victime des deux autres ? Ils vont essayer de se protéger du jugement et des tortures de l'autre et ce, par tous les moyens. Garcin, après avoir approuvé le choix de vie d'Estelle s'adresse à elle ; manifestement il souhaite un « duo », il attend de la jeune femme une aide à la mesure de celle qu'il lui a apportée ; d'ailleurs la formulation de l'interpellation : « Et vous ? » ne peut qu'entraîner la réponse souhaitée : « qui est-ce qui pourrait vous le reprocher ? ».

Inès interrompt la conversation au moment même où Estelle a un geste amical pour Garcin. Elle coupe la parole à Estelle, s'immisce dans la conversation, en changeant le cours des explications de Garcin. Exit le duo, reprise de l'échange à trois. L'enfer sartrien est fondé sur une distorsion des rapports humains : le duo cède la place au trio.

*L'Âge de raison*, roman de Sartre, antérieur à *Huis clos*, présente des trios qui se forment ou se désagrègent sans cesse. Simone de Beauvoir, dans *La Force de l'âge*, évoque la tentation de vivre à trois : Sartre-Beauvoir-Olga. Ces trios sont instables et sources de souffrance : « Notre premier soin fut d'édifier pour elle, pour nous, un avenir : au lieu d'un couple nous serions désormais un trio. Nous pensions que les rapports humains sont perpétuellement à inventer, qu'*a priori* aucune forme n'est privilégiée, aucune impossible... Olga m'obligea à affronter une vérité que jusqu'alors, je l'ai dit, je m'étais ingéniée à esquiver : autrui existe, au même titre que moi, et avec autant d'évidence... »

Ce thème revient constamment dans *Huis clos*. On verra qu'aucun pacte à trois n'est possible.

## La mauvaise foi

Les premières tirades d'Estelle manifestent d'une façon éclatante une mauvaise foi tellement installée qu'il faudra plusieurs agressions d'Inès et de Garcin pour provoquer une prise de conscience de sa responsabilité. On peut rappeler brièvement comment, dans la première scène, elle affecte d'être génée plus par la couleur des canapés que par le lieu infernal où elle vient d'arriver. Elle semble invulnérable dans son refus de la réalité infernale : elle est arrivée dans ce lieu par erreur, notons ses précautions verbales, l'emploi du mot « absent » pour « mort », son inconscience : « Je ne peux supporter qu'on attende quelque chose de moi, ça me donne tout de suite envie de faire le contraire », ses mensonges : « Mais je ne sais pas du tout ! ».

Quelle a donc été la vie d'Estelle pour susciter une telle mauvaise foi ? Il faudra une seconde question d'Inès, plus insistante, pour qu'elle donne une explication des faits. C'est en se référant à des valeurs morales traditionnelles qu'elle explique sa conduite ; son adultère, elle le justifie par la nécessité (« j'ai rencontré celui que je devais aimer »), clin d'œil ironique au comportement amoureux des midinettes.

## La construction de la parole

Le message de l'instant, adressé par Inès à Garcin, a une portée beaucoup plus vaste : dénoncer l'illusion de l'isolement et de l'irresponsabilité morale. En un cri qui sort de la bouche d'Inès, la tirade est faite d'une suite de métaphores saisissantes, empruntées au langage du corps, et destinées à qualifier l'attitude de Garcin : « Votre silence me crie dans les oreilles (...), vous pouvez vous clouer la bouche (...), les sons m'arrivent souillés ... ». Garcin, qui avait pensé « échapper à la réalité infernale » par son isolement et son silence garde sa responsabilité intacte.

## SCÈNE 5 – TROISIÈME MOUVEMENT

*(p. 42-50)*

**RÉSUMÉ**

Mais Garcin refuse d'être leur bourreau, il décide donc de s'exclure du bavardage des deux femmes, par le silence. Il leur faut « regarder en eux », « ne jamais lever la tête ». Inès et Estelle acceptent. Un court silence est vite rompu par une chanson d'Inès, triste évocation d'une exécution capitale dans la rue des Blancs Manteaux. Estelle se met aussi à parler, demande avec insistance un miroir. Garcin n'intervient pas, Inès en cherche un, en vain, et devant ce manque, Estelle chancelle, épouvantée d'être dans l'impossibilité « de se voir », et par là de douter de son existence. Sa chambre était tapissée de six grandes glaces « qui reflètent tous les objets de la pièce si bien qu'elle pouvait se voir en train de parler ». Il lui est impossible de rester sans glace, pour l'éternité. Inès propose ses yeux pour lui servir de miroir.

Mais ce nouveau miroir n'inspire pas confiance à Estelle. Que va-t-il advenir de son sourire qui ira au fond des prunelles d'Inès ? Inès, en lui faisant croire à une atteinte à sa beauté, s'impose : qu'Estelle la tutoie, en échange, ses yeux resteront grands ouverts pour témoigner de la beauté de la jeune femme. Oui, mais Estelle souhaite que Garcin aussi la regarde. Excédé par le bavardage des deux femmes, Garcin demande une fois encore que chacun essaye d'oublier la présence des autres.

**COMMENTAIRE**

### Le miroir

Objet plusieurs fois cité, il est le symbole d'un des thèmes essentiels de la pièce : **le problème du rapport à autrui**. Le miroir, recherché dès la première scène mais absent, est demandé avec insistance par Estelle qui se voit proposer les yeux d'Inès. Pourquoi ce regret aigu ? Le regard que nous jetons dans la glace nous permet de nous voir comme objet, comme les autres nous voient ; nous sommes alors sujet qui regarde et objet regardé et dans le lieu étrange, encore mystérieux de *Huis clos*, se regarder et se voir **rassure**. Estelle explique ce phénomène en décrivant sa chambre aux murs couverts de miroirs. Sans miroir, nous devenons l'objet d'autrui dont le regard peut nous déformer à volonté. Inès : «Si le miroir se mettait à mentir ? Ou si je fermais les yeux (...) que ferais-tu de toute cette beauté ?». Sans miroir, ma dualité m'agresse, je ne puis être sujet et objet à la fois, en regardant l'autre, j'en fais mon objet et il en fait de même pour moi. Je n'existe pas seul, j'existe pour lui.

### Un duo impossible

L'immobilité et le silence de Garcin suscite la conversation des deux femmes. En deux occasions, Estelle tente d'obtenir une réponse de Garcin, en vain. Le dialogue se poursuit donc mais il est constamment entretenu par Inès ; Estelle est réticente.

C'est par un monologue qu'elle entre dans la conversation : elle se met en scène, elle seule. Il est animé, soutenu par une série de pronoms à la première personne : «Quand je ne me vois pas, (...) je me demande (...), une glace où je ne suis pas (...), je ne peux pas...». Inès s'appuie sur ce narcissisme pour entrer dans le dialogue et séduire Estelle : elle reprend, à la suite, les pronoms à la deuxième personne qui renvoient à Estelle : «C'est toi qui me fais du mal», utilise le mode impératif : «Assieds-toi, approche-toi (...)». Bien qu'Estelle lui réponde, on comprend que son attention va à Garcin qu'elle regarde avec insistance à deux reprises. La tension dramatique s'accroît par la nouvelle tentative d'Inès d'exclure Garcin : «Laisse-le nous sommes seules.». Elle tente encore d'encercler Estelle mais tous ces efforts désespérés sont brisés par la réponse d'Estelle : «Je voudrais qu'il me regarde aussi.».

## SCÈNE 5 – QUATRIÈME MOUVEMENT

*(p. 50-63)*

**RÉSUMÉ**

Inès ne supporte pas le silence de Garcin car elle sait qu'il est là dans le coin du canapé et qu'il pense. Il lui a volé son visage, qu'elle ne connaît plus et Estelle, qui agirait différemment si elles étaient seules. «Je veux choisir mon enfer et lutter à visage découvert», dit-elle. Garcin renonce alors à son attitude d'exclusion par le silence et l'indifférence et fait des avances brutales à Estelle qui les refuse. Puisque le silence est rejeté, il faut aller jusqu'au bout, et savoir à qui exactement ils ont à faire. Garcin : «Tant que chacun de nous n'aura pas avoué pourquoi ils l'ont condamné, nous ne saurons rien.»

À Estelle de parler, mais elle ne sait rien; «ils» n'ont pas voulu le lui apprendre. Donc Garcin va commencer, Inès sait déjà qu'il a déserté mais, il est ici, dit-il, parce qu'il a torturé sa femme et, dès qu'il parle d'elle, il la voit, il la décrit avec des détails précis et évocateurs. «Le veston aux douze trous (...). Les bords des trous ont roussi.». Puis il raconte à l'imparfait une scène odieuse qui arrache à Inès une exclamation insultante : «Goujat»; il a imposé sa maîtresse à sa femme, dans leur chambre. «Et vous, Inès ?», demande Garcin; un dialogue s'engage entre eux deux. Le spectateur apprend l'homosexualité d'Inès, qui en faisait, déjà là-bas, une damnée. Il apprend son intrusion dans la vie d'un couple qu'elle a détruit. Apparaissent alors la mauvaise foi de Garcin, «je ne suis pas vulnérable», et la méchanceté d'Inès, qui a besoin de la souffrance des autres pour exister.

À Estelle de parler, mais elle a beau s'interroger... Inès et Garcin déploient sadisme et méchanceté pour arracher ses aveux. L'amant d'Estelle voulait un enfant qu'elle a eu et qu'elle a tué. Son amant s'est suicidé. Il est l'homme dont elle disait «je sais que tu n'as plus de visage» et que Garcin appelait «ce type au visage fracassé». Cet aveu met fin à l'enquête : «Nous voici nus comme des vers, y voyez-vous plus clair ?» demande Inès à Garcin. «Si nous essayions de nous aider» dit-il. À Inès qui dit ne pas avoir besoin d'aide, Garcin explique qu'aucun d'eux ne peut se sauver seul.

**COMMENTAIRE**

### La construction et l'évolution de la parole

Au moment où le bavardage d'Estelle et d'Inès a obligé Garcin à sortir de son silence, le ton diffère de celui de sa réplique précédente où il parlait «d'une voix douce». Son langage se libère en même temps que commencent à tomber les barrières du mensonge. Le tutoiement, l'impératif, les comparaisons communes, les phrases nominales transforment son langage en parole familière; Sartre accentue la vraisemblance de ce qui aurait eu tendance à glisser dans le domaine du discours philosophique et échapper à notre adhésion intellectuelle.

### Les trois temporalités

L'entrelacement et la superposition de la triple temporalité caractérisent singulièrement cette séquence.

L'ici-maintenant vécu par les trois personnages est immédiatement perturbé par le retrait de Garcin. L'ailleurs-simultané de leurs visions disparaît : «À présent c'est fini.» (Garcin) «La chambre est vide». (Inès) et laisse la place au passé raconté «Elle m'admirait trop» (Garcin). «Nous l'avons tué.» (Inès) «Ça l'amusait d'avoir un enfant, moi pas.» (Estelle). Le choc de ces trois temps introduit et illustre les thèmes majeurs de la pièce, la mauvaise foi – ici celle de Garcin et d'Estelle – l'inutilité de toute attitude ou de tout acte violent – c'est le fait d'Inès – et le trio impossible.

### Le trio là-bas et ici

La conversation révèle que, par sa malfaisance, chacun a brisé un trio : Garcin a installé sa maîtresse chez sa femme, Estelle a tué son enfant, né de son amant, elle a suscité le suicide de celui-ci et tout cela à l'insu de son mari. Inès a brisé un couple. Tous trois ont déjà en commun la responsabilité d'une faute grave au cœur d'un trio où ils se conduisaient en tyran. Garcin dit à Inès : «Trois, vous avez bien dit trois ?». Donc pas de hasard dans leur séquestration en commun. «On paye dans l'enfer qu'on mérite.».

### L'intérêt dramatique

Sa tentative d'exclusion ayant échouée, Garcin essaie une autre tactique. Il fait des avances grossières à Estelle et isole Inès en l'entraînant dans un dialogue «vérité» dont il exclut Estelle. Double échec : en dialogant avec Inès, Garcin se sent transpercé par la lucidité de celle-ci qui perçoit l'alibi : «Je ne suis pas vulnérable»; quant à Estelle, elle est séduite par l'apparente franchise de Garcin sur un sujet qui ne peut que l'intéresser : le couple, et voit dans le regard d'Inès la portée du mensonge et son espoir de couple détruit.

Pour faire avouer Estelle il ne reste qu'une possibilité, l'union d'Inès et de Garcin contre Estelle. Mais, là encore, le duo, un moment constitué, se révèle fragile et se défait ; car une fois Estelle devenue objet pantelant, soumis aux deux autres, elle cesse d'intéresser Garcin.

Brisée, vidée, si elle accepte la victoire de Garcin, elle continue à résister moralement à Inès. « Et à moi ? Tu m'en veux à moi ? » demande Inès. « Oui. » répond Estelle.

### Le silence

Un silence clôt le court échange des trois personnages après les aveux d'Estelle. Ce silence joue un rôle important dans le déroulement de la scène : la tension dramatique s'était accrue à partir de la demande de Garcin, encore une fois formulée : « Je vous avais supplié de vous taire » ; l'éclat d'Inès à propos de la vanité de ce silence, l'exigence de Garcin : « je veux savoir à qui j'ai affaire », avaient donné libre cours à des dialogues courts, agressifs, coupés par les tirades-récits des visions sur terre. Après l'aveu d'Estelle, la situation ne s'est pas améliorée. Son « Oui » remet les choses à leur place : un couple Garcin-Estelle, une exclue, Inès.

Le silence donne le temps aux personnages et aux spectateurs de percevoir l'inanité de leur désir que « quelque chose change ». La durée infinie de l'enfer se met en place et le silence est nécessaire pour que cette sanction commune aux personnages et aux spectateurs soit ressentie. L'attente de quelque chose d'autre, de ce « nouveau », emplit le silence.

## SCÈNE 5 – CINQUIÈME MOUVEMENT

*(p. 63-72)*

**RÉSUMÉ**

Inès ne répond pas à la question « Qu'est-ce qu'il y a ? » et se met à décrire ce qu'elle voit « ailleurs », sur terre. Dans sa chambre maintenant louée, un couple s'étreint sur son lit, à midi, en plein soleil, mais « elle ne voit plus, n'entend plus rien. Elle en a fini avec la terre, elle est bien morte. ». Aussi l'aide offerte par Garcin peut-elle l'intéresser.

Il leur fait surmonter la situation par l'intelligence du cœur : Garcin explique à Inès les dangers d'une relation à deux. Estelle peut être un piège pour Inès car pour sa part, il ne prête à la jeune femme aucune attention mais Inès refuse cette analyse de la situation; c'est elle maintenant qui présente à Garcin une autre version du fonctionnement du trio: il se peut qu'elle soit un piège pour Estelle, que Garcin lui aussi soit un piège: «Tout est piège.». «Laissez tomber Inès (...) lâchez prise. Sinon vous ferez notre malheur à tous les trois» dit Garcin. Mais Inès ne cède pas malgré la pitié que lui offre Garcin. Qu'il les laisse tranquilles toutes les deux, elle fera en sorte de ne pas lui nuire.

Garcin accepte, Estelle refuse; elle n'est pas un objet que l'on déplace à sa guise; désespérée elle appelle l'homme à son secours. Garcin, fidèle au pacte conclu, la renvoie à Inès qui commence avec Estelle un dialogue chuchoté. Celle-ci tournée vers Garcin, entend Inès, mais répond à Garcin, comme si c'était lui qui l'interrogeait; elle décrit une scène qui se passe «ailleurs», dans un temps simultané: Olga, son amie, danse avec Pierre, un très jeune homme qui lui appartenait. Rien ne lui appartient plus sur terre, lui dit Inès. Dans une longue tirade elle continue la description: elle danse en parlant mais elle a compris qu'Olga a raconté au jeune homme l'horrible histoire, Roger, l'enfant, le voyage en Suisse; qu'Olga garde ce jeune homme pour elle.... Elle n'entend plus la musique. «La terre m'a quittée». c'est vers Garcin qu'elle se tourne pour l'appeler à l'aide en dépit du pacte imposé par Inès. Garcin tente une nouvelle fois de la renvoyer à Inès mais la jeune femme refuse l'offre insistante de sa compagne et lui crache à la figure.

**COMMENTAIRE**

## La tirade d'Estelle

Abandonnée par Garcin, Estelle est «donnée» à Inès qui pense encore pouvoir la séduire mais la jeune femme oppose un refus brutal dans une tirade dont la thématique et la construction dramaturgique retiennent l'attention.

Estelle sait maintenant que sa mauvaise foi, perçue par ses compagnons ne la protège plus; son ton et son langage sont devenus tout autres et c'est par une formule lapidaire qu'elle les rejette: «On ne vous trompe pas vous autres.». Mais, incapable d'accepter la solitude, par trois fois elle fait appel à Garcin dont elle se sait pourtant séparée : elle l'invite comme spectateur complice de la scène qu'elle décrit et l'associe à son désespoir au moment de la révélation d'Olga ; enfin elle l'appelle à l'aide pour reprendre sa vie d'ici et de maintenant, une fois que la terre l'a quittée. Le pacte formulé par Inès, qui excluait Garcin, a échoué. Le trio doit revoir son mode de fonctionnement.

La tirade est un morceau de choix. Estelle décrit une vision et son discours met en scène un lieu (la salle de bal), des personnages (Olga et Pierre), un dialogue en situation qu'elle engage avec Pierre, puis avec Garcin et qui parcourt toute la tirade. Les temporalités différentes coexistent et nous avons là une figure subtile du théâtre dans le théâtre.

Cette tirade caractérise bien le personnage : soumise au tir des questions implacables qui l'ont acculée à l'aveu de son crime, Estelle échappe encore une fois au tourment de cette horrible action et voue toute son attention à une scène de la vie frivole qui fut la sienne. Seul le regard de Pierre, après la révélation d'Olga, la fige dans l'horreur ; mais là encore, elle croit pouvoir échapper à l'enfer en faisant comme si Garcin allait prendre le relais d'un autre homme et lui porter secours.

## L'attente

On attend... un traité de paix. Les aveux prononcés spontanément, bien qu'incomplets pour Garcin (on le verra plus tard), vrais et clairs pour Inès, extorqués à Estelle ont créé entre les trois personnages un réseau de communication différente, palpable dans la question d'Inès : «Eh bien Garcin ? Nous voici nus comme des vers, y voyez-vous plus clair ?», Garcin : «Je ne sais pas». La notion de la durée que les spectateurs perçoivent dans cette réponse doit cependant continuer à se manifester comme telle et s'enrichir d'éléments nouveaux :

– La vision des scènes sur terre prolonge, indéfiniment, la durée dramatique. On retrouve les mêmes procédés (juxtaposition de temps verbaux, présent/passé «je ne vois plus», «vous disiez»...).

– Mais l'initiative de Garcin suscite un projet, une sorte d'aide pour que le trio puisse fonctionner en vue d'un sauvetage commun. «Vous m'aiderez». En refusant, Inès répond dans un ensemble de répliques enchaînées habilement par la répétition du pronom «je». C'est Estelle qu'elle veut posséder. Le trio est à nouveau disloqué par le pacte conclu entre Inès et Garcin, «Si vous nous laissez tout à fait tranquilles, la petite et moi, je ferai en sorte de ne pas vous nuire».

## Les images

Une image fait irruption, illustrant parfaitement les problèmes de communication. **Tout est piège**, elle met en lumière le rôle de chaque individu face à l'autre, **relations de menace** et **de danger**. La deuxième image, celle du feu, rapproche cet enfer si étrange de la symbolique usuelle de l'enfer. Inès : « Je vais brûler, je brûle et je sais qu'il n'y aura pas de fin. » Puis, en réponse à l'espoir d'Inès : « C'est peut-être moi qui l'attraperai (Estelle) donc qui la posséderai ». Garcin nie, dans cette image saisissante, toute tentative d'union : « Nous nous courrons après comme des chevaux de bois. »

Les personnages de *Huis clos* ont leur vie derrière eux et ils la regardent comme un spectacle sur lequel ils ne peuvent plus rien. C'est là le sens premier de cette image.

## Les didascalies et le scripteur

Estelle (*se levant et s'approchant de Garcin*) refuse le pacte des deux autres. Une longue didascalie indique le déplacement et le geste d'Inès, la place d'Estelle et la direction de son regard. Ici se manifeste le rôle du scripteur-dramaturge, responsable du discours didascalique. Par cette petite scène muette, il a voulu placer les comédiens dans l'espace scénique en situation de communication très particulière. Estelle et Inès vont poursuivre, seules, un long dialogue, en fait destiné par Estelle à Garcin qui se tait. Le pacte d'Inès et de Garcin est déjà rompu. Les didascalies l'apprennent aux spectateurs bien avant que le discours dramatique ne l'énonce.

## Un dialogue particulier

Y a-t-il dialogue véritable entre les deux femmes ? Estelle décrit une scène que vivent Pierre, un de ses jeunes amants, et Olga, sa meilleure amie. Les commentaires d'Inès ne semblent pas l'atteindre jusqu'au moment où elle entend sa déclaration d'amour. Inès : « Et moi, mon petit, moi je suis à toi **pour toujours** ». Avec brutalité et véhémence, Estelle, encore une fois, refuse la réalité de sa situation, s'en détourne et reprend un dialogue passionné, cette fois-ci avec Pierre et Olga. Cette fuite hors du réel est brusquement interrompue (« la terre m'a quittée, Garcin regarde-moi, prends-moi dans tes bras »). C'était bien avec Garcin qu'Estelle dialoguait. Inès ne supporte pas la fuite d'Estelle vers Garcin et dans une réplique pathétique s'offre à la jeune femme. Inès : « (...) Tu te retrouveras au fond de mes yeux telle que tu désires ». Là encore les didascalies mettent en scène les comédiens : le geste précède la réplique et l'annonce. *Elle lui crache à la figure. Inès la lâche brusquement.*

## SCÈNE 5 – SIXIÈME MOUVEMENT

*(p. 70-83)*

### RÉSUMÉ

Garcin et Estelle se jouent la comédie de l'amour sous les yeux d'Inès, folle de jalousie. Inès supplie encore, mais en vain, Garcin la repousse. Alors elle leur rappelle qu'elle ne les quittera pas des yeux pendant qu'ils s'aimeront. Garcin sur le point d'embrasser Estelle, voit ses amis le traitant de salaud. Il se détourne d'elle, puis revient en lui réclamant sa confiance; cette exigence l'amène à de vrais aveux : en fuite, pincé à la frontière, il a été fusillé. Mais cela ne veut pas dire qu'il a été un lâche. Il veut absolument qu'Estelle en ait conscience. À la limite, le couple pourrait se réaliser sur l'acceptation d'un mensonge réciproque mais les remarques violemment ironiques d'Inès sapent les bases d'un tel accord.

### COMMENTAIRE

#### Une autre figure

L'échec d'Inès pour posséder Estelle et exclure Garcin suscite un autre cas de figure. Estelle et Garcin, sous les yeux d'Inès essaient de constituer un couple par la comédie de l'amour. Plus à l'aise dans une situation qui répond à ses comportements antérieurs, elle tente encore une fois de faire « comme si » et de trouver l'homme qui la fasse exister dans l'union physique. Nouvel échec. Chacun cherche dans l'amour de l'autre ce que l'autre ne peut lui donner.

#### Place de la séquence dans la pièce

Le pacte Inès-Garcin est rompu : « Garcin, vous me le paierez »; il est clair pour le spectateur, en particulier par les interventions d'Inès, que les aveux de Garcin sont pour le moins incomplets, mais l'action de la pièce s'épuise d'elle-même, tout semble avoir été dit : les aveux tronqués de Garcin, les aveux sincères d'Inès, les aveux extorqués à Estelle qui, poussée à bout, a deux fois évoqué son infanticide. Le trio a tenté de fonctionner un court moment par l'alliance Garcin-Inès contre Estelle, la tentative du couple Inès – Estelle n'est jamais arrivée à terme, il reste le couple Garcin-Estelle, souhaité par celle-ci, refusé violemment par Inès. La durée n'importe pas, l'avenir n'a plus de réalité, le passé s'éloigne, les personnages, dans leurs visions, en font la cruelle expérience.

## Les aveux de Garcin

Habilement, le dramaturge les introduit en montrant l'importance accordée par Garcin (déjà en enfer) au regard des autres là-bas, sur terre. Garcin : « Il y a six mois qu'ils m'ont... ». Le mot épouvantable n'est pas encore prononcé. Garcin : « Cette fois-ci c'est de moi qu'il parle... ». Et enfin : « ils m'ont fusillé » ; c'est la réplique clé de la séquence. Tout le discours des personnages s'organise et se déroule en fonction de cette vérité enfin dévoilée dont on apprend les détails par Garcin : d'abord sa version : « Je voulais témoigner... » ; par Inès qui exige toujours plus : « Et comment es-tu mort Garcin ? ».

Même après l'aveu, les voix de la terre n'abandonnent pas Garcin. Le dialogue qu'il essaie de mener avec Estelle est encore interrompu par une troisième voix qui commente maintenant l'aveu : « Je parle bien (...) Ils dodelinent de la tête » et le terme insupportable à Garcin est prononcé par la voix de là-bas : « Garcin est un lâche... ». L'enfer, pour lui, est encore plus intolérable car cette voix qui le condamne là-bas, au moment même de l'aveu en enfer, ne cessera de transmettre à d'autres la consigne reçue : « Je leur ai laissé ma vie entre les mains. » C'est un des rares instants où l'avenir se dessine mais cet « après » est entre les mains des autres, **les juges**.

## Le couple vulnérable

Recourant à la mauvaise foi, Garcin va essayer d'échapper à sa souffrance en demandant l'aide d'Estelle ; il a besoin qu'une conscience l'acquitte de sa trahison comme Gœtz dans *Le Diable et le Bon Dieu*. Garcin à Estelle : « S'il y avait une âme, une seule pour affirmer (...) que je ne peux avoir fui, que j'ai du courage. Veux-tu croire en moi ? ». Les deux personnages appellent l'imaginaire à leur secours, encore une fois un recours à la mauvaise foi. Leurs répliques appartiennent au dialogue amoureux des vivants. Estelle : «C'est pour ta bouche (...) que je t'aime.» Garcin : «C'est vrai (...) ?».

Cette première tentative est ruinée par le rire et la réplique d'Inès, qui rétablit la vérité «infernale» : ce qui les caractérise, une fois morts, c'est qu'ils ont cessé d'être libres, n'ayant plus de choix à faire, ni d'acte à accomplir.

## SCÈNE 5 – SEPTIÈME MOUVEMENT

*(p. 84-95)*

### RÉSUMÉ

Garcin annonce qu'il s'en va, seul, malgré les supplications d'Estelle, départ qui ravit Inès, heureuse de se retrouver entre femmes mais Estelle annonce qu'elle s'enfuira si la porte s'ouvre. Garcin supplie qu'on lui ouvre, il préfère les tortures physiques les plus douloureuses à «cette souffrance de tête, ce fantôme de souffrance qui frôle, qui caresse et qui ne fait jamais assez mal». La porte s'ouvre brusquement, Garcin reste. En effet dans la solitude de la souffrance physique, il n'échapperait pas aux pensées d'Inès, à ces pensées qui le concernent; il n'entend plus aucun bruit venant de la terre, seules pour penser à lui il y a Inès et Estelle. Il reste, car il veut convaincre Inès : si elle le croit, elle le sauve.

L'argument essentiel de Garcin, c'est qu'on ne lui a pas laissé le temps de faire **ses actes** mais la vie est terminée, répond Inès, «Le trait est tiré». C'est à Inès de devenir le bourreau de Garcin : «Je t'avais dit que tu étais vulnérable. Ah! comme tu vas payer à présent». Estelle incite Garcin à se venger d'Inès : «Embrasse-moi, lui dit-elle, tu l'entendras chanter». Garcin se penche sur Estelle mais Inès trouve les mots pour ruiner cette tentative d'union en disant : «Lâche! lâche! je ne te lâcherai pas». À plusieurs reprises, Estelle demande à Garcin de lui manifester amour et tendresse mais chaque fois Inès interrompt le rapprochement du couple par ses interventions méchantes, ironiques et provocantes. Garcin attend, en vain; même la nuit, Inès ne cessera pas de voir le couple; il se rend compte enfin qu'il est en enfer, «qu'ils avaient prévu que je me tiendrai devant cette cheminée... C'est ça l'enfer». Il évoque les symboles anciens (soufre, bûcher, gril). Non : «L'enfer c'est les Autres». Estelle tente encore de se rapprocher de Garcin qui la repousse; leur amour est impossible sous les yeux d'Inès. Estelle essaie de tuer Inès à coups de coupe-papier. Inès se débat, rit : «C'est déjà fait, comprends-tu ? Nous sommes ensemble pour toujours». Estelle éclate de rire, Garcin aussi «Pour toujours!» répètent-ils tous les trois. Garcin prononce les derniers mots : «Eh bien, continuons».

COMMENTAIRE

## «Comme si»

Quelles possibilités pour ce trio incapable de vivre la situation ? La progression dramatique implacable conduit Garcin à vouloir se suicider par la torture physique, ce qui l'éloignera à jamais de ces deux femmes, juges et bourreaux, mais il refuse et reste. Les issues «illusoires» se ferment peu à peu et l'angoissant mécanisme de l'enfer devient inévitable.

Après le suicide raté de Garcin, il reste encore une tentative pour se protéger : le meurtre. En supprimant Inès, Estelle et lui pourront vivre l'enfer en couple : l'échec est ici immédiatement perceptible et l'acte libérateur est tourné en dérision. La jeune femme a encore une fois voulu vivre «comme si» et supprimer Inès comme elle a supprimé son enfant. Le bourreau dans cette dernière tentative, c'est l'enfer tout entier, sa réalité et son mécanisme. Estelle se rebelle : poussée par la haine elle veut tuer, mais son impuissance est là, immédiate : sa liberté, son «pour soi» ne peut plus se montrer, modifier en quoi que se soit l'état des choses. Nous retrouvons ici le thème essentiel de la pièce : **la mort-vivante.**

## La communication

Garcin est resté pour convaincre Inès qu'il n'est pas un lâche. Mais la convaincre, comment ? En paroles. Or, le problème de la communication est une difficulté fondamentale de l'existentialisme, communication avec l'autre monde comme avec autrui.

Dans une autre œuvre, *Le Mur*, Sartre expose des images de l'existence qui ramassent tout un aspect de sa vision du monde. Qu'y a-t-il derrière le mur ? Peut-être une réalité, en tout cas un monde possible dont le seul rapport est un rapport d'exclusion; mais le mur est fait aussi de mon rapport avec l'être ou les êtres, car l'existant secrète la solitude comme structure de l'existence. Quand le «pour soi» se tourne vers un autre «pour soi», la personne vers une autre personne, on pourrait espérer, comme dans la vision chrétienne, quelque miracle de l'existence, plus puissant que l'inertie de l'«en soi». Bien au contraire, le «pour soi» regardant un «pour soi», (Inès regardant Garcin) le transforme, par son regard, en objet. Impossible de se tourner vers autrui sans le figer, le réifier*, c'est-à-dire, en faire une chose. «Tu es un lâche, Garcin, un lâche parce que je le veux, je le veux, tu entends, je le veux.»

Quand les hommes sont fixés **à jamais** dans cette objectivation par la présence des autres, c'est l'enfer. C'est le moment de situer, dans le domaine littéraire, ce rapport avec l'autrui sartrien. D'autres regards portent sur les relations humaines, qui témoignent d'autres expériences humaines. Si le regard d'autrui peut me glacer en m'objectivant, il peut aussi me bouleverser, me vivifier et susciter des disponibilités inconnues. Rambert, personnage de *La Peste* d'Albert Camus, dans ses rapports avec le pour-autrui, renonce à la tentation d'un retour à l'en-soi, ce à quoi le réduirait sa fuite dans le regard des autres, et saisit immédiatement l'appel de solidarité, dans une situation humaine donnée, par le geste qui y répond : il reste à Oran, pour lutter contre la peste, avec Rieux et Tarrou.

## Un long silence

Il importe d'attirer l'attention sur le silence, le vrai silence, indiqué dans les didascalies, distinct des arrêts et des pauses, le silence où les personnages n'agissent pas, où, par l'absence de paroles et de gestes, le temps est rendu sensible. Sartre a stylisé ce qui, dans la conversation quotidienne, est un accident de langage et en a tiré un puissant effet dramatique.

Au moment où Garcin ne cesse de tambouriner contre cette porte verrouillée, il dit soudain : «(*Il saisit le bouton de la porte et le secoue*) Ouvrirez-vous ?» (*La porte s'ouvre brusquement et il manque de tomber*) Ha !, (*Un long silence*)». Garcin ne s'en va pas, il hésite; les deux autres personnages se demandent ce qu'il va faire et les spectateurs également : tous vivent le même temps. Le spectateur assiste au déroulement de ce temps inhumain parce qu'éternel et il vit en un moment unique, le même temps que les personnages dans ce long silence qui dure et que rien ne trouble. «Même si on refuse le processus d'identification du spectateur avec le personnage, il y a cependant communion : personnages et spectateurs sont moins en communion d'idées ou de sentiments que de temps». (Larthomas, *Le Langage dramatique*, P.U.F., p. 164)

## Un théâtre de situations

Pour Sartre, l'aliment central d'une pièce, ce n'est pas le caractère qu'on exprime avec des mots mais c'est la situation : l'homme est libre dans une situation donnée et il se choisit lui-même dans et par cette situation; «alors il faut montrer au théâtre des situations simples et humaines et des libertés qui se choisissent dans ces situations». (Sartre, *Un théâtre de situations*, Gallimard, p. 20).

Le plus éprouvant au théâtre est le moment de la libre décision qui engage une morale et toute une vie. Les trois personnages ont vécu une situation limite qui leur a proposé une alternative dans la mort : le meurtre de son enfant pour Estelle, la destruction d'un couple pour Inès, la désertion pour Garcin. La liberté s'est découverte à eux à son plus haut degré dans une situation qui leur proposait un appel, un choix. La pièce commence après la mort des personnages qui ont mis en jeu la totalité de leur être et qui se sont choisis dans une décision sans appel. Au moment où Garcin supplie qu'on le laisse sortir de cet enfer moral, au moment où la porte s'ouvre, s'offre une fois encore le choix d'une libre décision, un appel né de la situation et encore une fois, il éprouve sa mauvaise foi et sa lâcheté. Il n'a pas cessé de chercher à oublier sa lâcheté passée, son refus de partir incarne tout ce qu'il ne voudrait pas être: un homme incapable de mettre en accord ses paroles et ses actes (journaliste à la tête d'un journal pacifiste, il a déserté), à l'instant même, un prisonnier qui, en refusant la possibilité de partir, tant exigée, trahit son propre souhait. Garcin fuit devant la situation.

## Les objets inutiles

Cité dès la première scène et reconnu par Garcin comme totalement inutile, le coupe-papier est là. Estelle en fera l'expérience en voulant tuer Inès; et celle-ci, parodiant «avec rage» le geste d'Estelle, ne peut que répéter : «Morte! Morte! Morte!... c'est **déjà** fait comprends-tu ?» Une distance est mise entre l'objet et sa fonction, un coupe-papier qui ne blesse pas, un bronze impossible à soulever : «les outils ... n'ont pas mission de servir mais de manifester sans relâche une finalité fuyante, saugrenue... Dans le monde à l'envers nous sommes harcelés de messages sans contenu». L'acte d'Estelle donne à Inès l'occasion de démontrer l'impossibilité de changer le monde «infernal» où elles vivent. On peut parler à ce propos du «fantastique» de *Huis clos.* Déjà dans la première scène, la sonnette au fonctionnement totalement arbitraire, concourait à cet effet. Enfin l'adverbe de temps, «déjà», mis en italique, est un signe supplémentaire de l'étrangeté de la situation.

## La réplique finale

«Eh bien continuons...».

Il convient de s'arrêter sur la réplique finale dont on pourrait dire qu'elle donne tout son sens à l'œuvre. L'enfer, c'est de continuer pour toujours et la pièce pourrait se prolonger indéfiniment. En s'inscrivant déjà dans la ligne du théâtre contemporain, Sartre veut mettre en œuvre cette innovation si significative dans *La Cantatrice chauve* de Ionesco: l'œuvre aboutit à un «recommencement final».

## La structure, le temps

*Huis clos* représente une vie ou une mort «sans coupure» comme le dit Garcin, aussi la pièce ne pouvait être qu'en un acte; la structure même de cet acte consacre quatre scènes qui sont tout entières le fait de l'exposition (16 pages) et une cinquième scène, la majeure partie de la pièce (65 pages). Les personnages vivent un temps particulier. Apparemment pendant la durée de la représentation, le temps passe comme le nôtre mais en fait, le temps stagne et l'aboutissement de ce temps n'est pas la mort, qui constituerait un dénouement et lui donnerait son prix. La mort a déjà eu lieu et la dernière réplique de Garcin: «Eh bien continuons», signale bien que ce temps n'a aucune limite; cette durée, rien ne viendra l'interrompre.

# Synthèse littéraire

## LE STYLE DRAMATIQUE

C'est à son théâtre que, dès la fin de la guerre, Sartre a dû sa célébrité; ce théâtre appartient à l'histoire littéraire de notre temps, il y fait figure de classique.

Bien qu'il ait une attitude plus pragmatique que théorique à l'égard du théâtre, et sans avoir consacré à ce genre une étude critique comme celle consacrée aux techniques romanesques, Sartre, dans ses conférences et entretiens, a donné un point de vue riche, dense et clair pour tel ou tel point de poétique dramatique et pour telle ou telle pièce.

En particulier il s'est intéressé au problème du langage dramatique qui pose la difficulté de parvenir à parler aux spectateurs de leur quotidien, avec une distance dramatique.

### Un mot est un acte

C'est une manière d'agir parmi d'autres à la disposition du personnage, donc il ne renvoie jamais à aucun cas intérieur, à aucune psychologie. *Huis clos*, repris à la Comédie Française en 1990, doit son immense succès, essentiellement aux qualités de son langage dramatique. Dès la première scène, on est frappé par la densité et la sobriété des répliques. Pas un mot sur le monde intérieur, tout tend à «engager». La première réplique de Garcin est une question: «Est-ce que toutes les chambres sont pareilles?», mais dès les répliques suivantes les mots servent à la contestation: «Et moi, qu'est-ce que vous voulez que j'en fasse?», à la défense de ses droits: «Et pourquoi m'a-t-on enlevé ma brosse à dents?» puis encore à la contestation: «Parbleu, c'est ça, votre jour. Et dehors?». Dans la scène 5, Estelle et Inès s'affrontent avec des mots de combat.

Sartre, dans *Un théâtre de situations*, (Idées, Gallimard, p. 28) dit : «Le sens même du théâtre me paraît présenter le monde humain avec une distance absolue, une distance infranchissable, la distance qui me sépare de la scène; et l'acteur est à une distance telle qu'à la fois je puis le voir mais je ne pourrai jamais ni le toucher ni agir sur lui.» Il adopte trois points de vue essentiels.

Estelle : «Vous n'avez pas le droit de m'interroger... Mais non, vous êtes folle... vous êtes ignoble. Taisez-vous, taisez-vous.» Et Inès, en contrepoint : «Il s'est tué à cause de toi ? ... Un coup de fusil à cause de toi... Donc le type s'est tué à cause de toi. C'était ton amant... Hein ? Hein ? Tu as rigolé ? C'est pour cela qu'il s'est tué». Et Garcin intervient avec brutalité pour extorquer les aveux d'Estelle. Garcin : «Après ? Après ? Il s'est fait sauter la tête... Inutile. Ici les larmes ne coulent pas.»

Le rôle du mot

Si cette forme de stichomythie* suscite facilement des mots qui sont serments, engagements, menace, violence, contestation, c'est-à-dire, selon Sartre, «éloquence ou moyen de réaliser l'entreprise, c'est-à-dire menace, mensonge», il est évident, en analysant les tirades, que l'on retrouve ces mêmes exigences.

Dans la dernière séquence de la scène 5, la tirade d'Inès révèle bien que tout son langage est seulement fait de mots-actes : «Cette chambre est à moi! Elle est à moi... Qu'est-ce qu'ils chuchotent... Est-ce qu'il va la caresser sur mon lit... Vous disiez ? Vous parliez de m'aider, je crois ?» Et Sartre conclut sur ce point par une formule expressive : «Mais en aucun cas il (le mot) ne doit sortir de ce rôle magique, primitif et sacré.»

## Le langage doit être elliptique

C'est-à-dire qu'étant acte, il ne peut se séparer du geste; «le geste aboutit au mot comme le mot aboutit au geste». Parmi les différents codes dont se sert la communication théâtrale, le code gestuel est un de ceux qui contribuent le plus nettement à la spécificité du langage dramatique. En effet, ce geste donne tout son sens à un texte écrit pour être représenté : le théâtre de Sartre, *Huis clos* en particulier, est le domaine du geste autant que celui de la parole; il manque au texte une partie qui exprime la pensée de l'acteur, d'où un style elliptique, qui contribue au rythme du langage rendu par des ruptures de mouvement, précisément dans l'intervalle où se situe le geste.

Rôle du geste

Le message gestuel comprend des gestes banals et des gestes signifiants. Même lorsque les didascalies indiquent un message gestuel apparemment banal, les gestes signalés et les relations qu'ils entretiennent avec une parole qui se veut elliptique donnent toute sa dimension au spectacle dramatique.

La première réplique de Garcin est précédée des indications suivantes : *Garcin, il entre et regarde autour de lui.*

La réplique du garçon, très courte : « Ah voilà », et la seconde réplique de Garcin : « C'est comme ça... », constituent « l'attaque » de l'exposition.

Le mouvement du corps (*il entre*), des yeux (*et regarde autour de lui*) précède la parole. Ces gestes conventionnels dans la vie quotidienne revêtent ici une signification intéressante : un personnage entre en scène et prend possession d'un nouvel espace par le regard; la parole suit, constituée par une réplique formée de deux adverbes elliptiques qui ne prennent sens que par rapport à la gestualité précédente. L'ensemble révèle une sorte de constat conclusif de Garcin sur la découverte d'un « ici » et d'un « maintenant », repris dans la réplique suivante : « C'est comme ça... ». On notera l'importance des points de suspension, signe linguistique d'un silence qui attend d'être rompu.

À la fin de la dernière scène, on a le sentiment que le **message gestuel** comme le **message verbal** est **continu**. Au moment où Inès triomphe de la tentative d'union d'Estelle et de Garcin par ses répliques elliptiques « jamais » et « toujours », le geste d'abandon de Garcin transmet au spectateur des informations précises : Inès s'est manifestée comme le bourreau de Garcin, elle l'a transformé en objet, et ne lui a plus permis d'être sujet pour Estelle. Le déplacement de Garcin éclaire la situation de l'instant : en abandonnant l'espace où il s'était approché d'Estelle, il l'abandonne elle aussi. Ces deux gestes prolongent le défi d'Inès et témoignent que Garcin l'a reconnu et intériorisé.

La troisième indication gestuelle, (*il s'approche du bronze*) geste apparemment anodin, relance le dialogue : « le bronze... ». Le geste suivant (*il le caresse*) renvoie à une indication précédente (*il se penche sur Estelle*). Le bronze, sous la main de Garcin, a pris la place d'Estelle. Ce geste qui manipule un objet, confirme qu'aucun salut ne naîtra des rapports humains : Estelle et Garcin, regardés ensemble par un tiers ont éprouvé chacun l'objectivation de soi-même et de l'autre. Inès a réifié Garcin, (elle a fait de lui une chose) il ne reste donc plus à celui-ci que l'objet « en soi », le bronze, cet objet « qui ne pense pas le monde extérieur ». La caresse de

Garcin sur le bronze le ramène à l'ici et maintenant où il se voit encore, objet lui-même, dans le néant de sa liberté. À ce moment-là le geste relance la tirade «passant ma main sur ce bronze avec tous ces regards sur moi... tous ces regards qui me mangent». Ces regards de haine se substituent aux autres regards, adressés successivement à Inès pour lui proposer son aide, à Estelle pour se rassurer; ces regards devraient effacer sa lâcheté; le geste suivant (*il se retourne brusquement*) suspend le message verbal et l'altère: «Ha, vous n'êtes que deux?». Enfin la réplique suivante suscite le rire de Garcin, interrompant la tirade juste assez longtemps pour que surgisse à ses yeux la révélation qui explique tout: «Ah, c'est ça l'enfer». Tous ces gestes, déplacements, attitudes, qui sont en fait des jeux de scène, concourent au même effet; ils se distinguent des gestes isolés (*cf.* les gestes de l'exposition) sur le plan formel en constituant une séquence, et sur le plan dramatique, ils soulignent la prise de conscience par Garcin de sa situation. Les derniers jeux de scène (*ils tombent assis... Garcin se lève*), et surtout le dernier geste, annoncent l'ultime réplique: «Eh bien, continuons», remarquable par sa densité elliptique.

### Le langage doit être irréversible

Puisque précisément il y a engagement et nécessité dans le domaine de la «prévision», le langage doit être à chaque instant tel qu'on ne puisse pas mettre une phrase ailleurs qu'à l'endroit où elle est.

## THÉÂTRE ET PHILOSOPHIE

Le théâtre est un moyen d'expression privilégié pour un philosophe de l'existence; celui-ci a pour principe de partir de l'expérience vécue, d'un choc d'exigences d'où l'homme accède du néant à l'existence. La morale tient alors non pas à une affirmation de principes mais à l'analyse de situations, ce que lui offre très commodément la scène.

Toutes les pièces de Sartre rendent visibles et palpables les deux piliers de la philosophie existentielle, l'absurdité fondamentale de l'existence et la mauvaise foi de l'homme qui la nie: l'homme est parmi des choses et des êtres étrangers, il sait seulement qu'il existe hors des autres, hors de lui-même. Meursault, dans *L'Étranger* de Camus, et Roquentin dans *La Nausée* de Sartre, deux livres décisifs antérieurs à la guerre, avaient annoncé cet absurde existentiel.

## La philosophie dans Huis clos

En 1944, dans *Huis clos*, Sartre propose une représentation de notre condition à travers l'affrontement des autres et par l'approfondissement introspectif de nous-mêmes, mais l'action concerne des individus supposés morts, citoyens d'un monde autre, «ultra-temporel» et immuable. Toutes les données de l'idéologie sartrienne se perçoivent dans cette situation paradoxale. Les trois personnages de *Huis clos* vivent sur scène l'expérience théorique qui serait conscience privée de liberté, et connaissance de l'angoisse d'être des hommes-choses figés sous leur propre regard et sous le regard des deux autres. «L'enfer, c'est les Autres». En effet l'homme vivant est caractérisé par la conscience et la liberté; l'homme mort, s'il est toujours libre, n'a plus de choix à faire ni d'acte à accomplir, il ressent sa liberté comme vaine et inutile. Sa personne a été, son destin est fixé, fini, figé et dès lors définissable.

## Les conflits dans *Huis clos*

Chaque membre du trio est confronté aux autres : surgissent alors les conflits nés du contact de ces trois êtres destinés à vivre ensemble, à se supporter éternellement; ils ne peuvent que s'unir à deux contre un ou se taire, en feignant l'indifférence ou faire naître des relations de violence. C'est là qu'affleurent dans le dialogue théâtral les données philosophiques, porteuses de la signification de la pièce. La condition humaine privée des ressources de l'action réduit chacun de nous à une conscience paralysée, livrée à l'angoisse de l'introspection et au regard impitoyable des autres qui nous condamne à être pour toujours ce que leur conviction leur dicte que nous sommes.

## Le regard

Chacun de nous devient objet (un en-soi) d'un autre qui nous regarde et nous juge en tant que sujet. Mais réciproquement celui qui est regardé et jugé (objet) redevient sujet par le regard et le jugement qu'il porte aussi sur l'autre (*cf.* le commentaire). Seule l'action nous délivre de cet esclavage et nous arrache à l'intolérable fatalité que l'autre et les autres font peser sur moi.

Or, dans *Huis clos*, l'action n'est plus possible, la vie est figée, mais la leçon théâtrale reste toujours perceptible : on peut concevoir la qualité des souffrances de l'homme vivant, nées de ce qui limite, dans sa condition terrestre, sa liberté, situations d'exclusion, de victime, de mépris, etc... Le message de la pièce se construit dans l'analyse du tourment de la personne, Inès, puis Garcin, puis Estelle, qui devient objet sous son propre regard et sous celui des autres.

## *HUIS CLOS* UNE TRAGÉDIE SANS TRANSCENDANCE ?

### La tragédie grecque

Dans la tragédie grecque, les Atrides donnent au spectateur le frisson tragique. Dans la terreur et le désespoir, Oedipe, Antigone, Phèdre respirent la force, témoignent de la puissance des dieux, invoquent les grandes lois de la cité. Prisonniers d'un destin qui les écrase, ils ne sont jamais avilis. C'est que le tragique est lié pour eux à l'existence d'une transcendance, l'existence d'une réalité supérieure au visible et à l'expérience. Cette réalité, ils la perçoivent et l'invoquent dans des confrontations solennelles, en s'appuyant sur un passé, une filiation, un héritage. Antigone est confrontée au duel de l'État et du sacré, Oedipe à un destin choisi par les dieux et qu'il ne voulait pas, Phèdre à l'interdit et à la passion qui la dévore et la domine.

### Un nouvel aspect du tragique

Dans *Huis clos*, les trois personnages réunis dans le salon sont parfaitement libres, libres de s'expliquer, de revivre le passé, d'en justifier le déroulement et l'aboutissement, mais dans cette analyse consacrée essentiellement à la description d'événements qu'ils ont vécus en fonction d'un choix précis, aucune évocation d'un conflit entre des valeurs supérieures. Ils restent dans le cadre de leur condition d'homme. «Le destin est une affaire d'homme qui doit être réglée entre les hommes» (Camus). Chez ces personnages, divisés dans leur conscience, sans que jamais le conflit s'élève à la grandeur tragique, nous sentons les manques, la maladie, mais jamais leur force et leur raison. Dominés par autrui, ils ne s'imposent pas comme héros; leur liberté, dans une situation déjà faite, totalement inutile, peut susciter une impression tragique mais on ne peut parler de tragédie.

Les ressorts des tragédies grecques classiques, terreur et pitié, tiennent à l'impossibilité où se trouvent les héros de changer le cours de l'avenir. Le chœur dans *Agamemnon* d'Eschyle exprime cette attitude et tente d'avertir le roi du danger de sa démesure. Dans *Huis clos*, les personnages sont confrontés à l'impossibilité de changer le passé, ils ne peuvent pas modifier l'avenir qui n'existe plus. Maintenus dans le présent, ils restent figés dans leur mauvaise foi que l'autre leur a révélée.

## Le tragique et le spectateur

Oedipe, Antigone, Agamemnon, Clytemnestre vivent un destin tragique auquel la mort mettra un terme. Et la durée de la tragédie donne au spectateur le temps de craindre, d'espérer, d'attendre l'arrivée menaçante du piège fatal. En descendant de son char, au retour de la guerre de Troie, Agamemnon peut encore croire aux paroles de bienvenue de Clytemnestre. Dans *Huis clos*, le piège intériorisé est déjà refermé. Garcin trouve en lui la hantise de sa culpabilité, mais il n'attend pas la mort; il est le spectateur de sa mort morale dans l'esprit de ses camarades journalistes. Réduit à un en-soi, un objet comme le bronze ou le coupe-papier, il voit son «pour-soi» comme une liberté vide et vaine. «Le tragique est comme divorcé de la tragédie» (Jean-Marie Domenach, *Le Retour du tragique*, p. 218).

# Lexique

## VOCABULAIRE CRITIQUE

**Acmé** : point culminant de l'action.

**Connotation** : sens que prend un mot dans un contexte, par suggestion ou allusion. Ce sens diffère de la **dénotation**, qui est le sens propre du mot, donné dans le dictionnaire.

**Didascalie** : toute indication qui figure dans une pièce de théâtre écrite, mais qui n'est pas dite sur scène par les acteurs.

**En-soi** : terme de la philosophie sartrienne : état caractéristique des choses, enfermées sur elles-mêmes.

**Essence** : terme philosophique qui désigne la nature fondamentale et permanente des êtres et des choses, indépendamment de leur existence, de leurs aspects observables.

**Esthétique** : théorie de ce qui est beau ; principes qui guident l'expression artistique et littéraire vers la création de la beauté.

**Éthique** : terme philosophique qui désigne les fondements de la morale, ou un ensemble de règles morales.

**Existence** : la vie et ses manifestations observables.

**Ironie dramatique** : situation où un danger est couru par un personnage, qui l'ignore, alors que le spectateur le connaît. D'où complicité entre le spectateur et le dramaturge.

**Métaphore** : figure de style par laquelle un mot change de sens par suite d'une comparaison sous-entendue (ex : brûler de désir).

**Métaphysique** : partie de la philosophie qui étudie l'être et les choses au-delà de leur existence physique, et recherche les premiers principes, les causes premières.

**Pour-soi** : terme de la philosophie sartrienne ; l'homme a en lui la conscience et la liberté d'agir ; le pour-soi est la manière dont elles se manifestent vis-à-vis des autres et des choses.

**Réification** : transformation d'un être en chose (*cf. en-soi* et *pour-soi*).

**Stichomythie** : au théâtre, dialogue où les acteurs se répondent par phrases courtes, ou vers pour vers, ou demi-vers.

**Symbole** : signe (être animé ou chose) qui représente un concept, qui condense en lui le sens d'une idée générale.

## PRINCIPAUX PERSONNAGES DES *MOUCHES*

**Agamemnon** : fils d'Atrée, et roi légendaire d'Argos et de Mycènes. Il sacrifia sa fille Iphigénie, pour apaiser les vents contraires qui empêchaient les Grecs de faire voile vers Troie. À son retour de la guerre, il fut assassiné par son épouse Clytemnestre, aidée par Égisthe.

**Apollon** : dieu grec de la lumière et des arts.

**Atrides** : descendants d'Atrée, roi légendaire d'une peuplade aux origines de la Grèce antique.

**Clytemnestre** : fille de Tyndare, roi mythique de Sparte, épouse d'Agamemnon, et mère d'Oreste, d'Iphigénie et d'Électre. Furieuse du sacrifice d'Iphigénie par Agamemnon, elle complota la mort de ce dernier avec Égisthe, son amant.

**Égisthe** : roi légendaire de Mycènes, avant Agamemnon. Amant de Clytemnestre, il régna avec elle à Argos jusqu'au retour d'Oreste.

**Électre** : fille d'Agamemnon et de Clytemnestre. Elle poussa Oreste à tuer leur mère et Égisthe.

**Érinnyes** : déesses de la vengeance dans la mythologie grecque ; les Romains disaient les Furies. *N-B.* : le dictionnaire Larousse donne l'orthographe : Érinyes.

**Iphigénie** : fille d'Agamemnon et de Clytemnestre.

**Mentor** : ami d'Ulysse, qui le choisit comme précepteur et guide de son fils Télémaque. Devenu un nom commun dans le sens de guide, conseiller.

**Zeus** : le roi des dieux dans la mythologie grecque. Jupiter chez les Romains.

## LES LIEUX DES *MOUCHES*

**Argos** : ville au nord-est du Péloponnèse, près du golfe de Nauplie.

**Athènes** : capitale de l'Attique, cité la plus importante de la Grèce antique. Capitale de la Grèce actuelle.

**Corinthe** : la Grèce continentale serait coupée en deux sans l'Isthme de Corinthe, ville du Péloponnèse très proche de l'isthme.

**Nauplie** : ville du Péloponnèse qui donne son nom au Golfe de Nauplie, ouvert sur la mer Égée. Elle sert de port à la ville d'Argos.

**Scyros (ou Skyros)** : grande île de la mer Égée.

**Tartare** : Tartare était, dans la mythologie grecque (et aussi chez les Romains) le lieu de châtiment des grands coupables dans les Enfers.

# Annotations

**p. 3**
se réfugier dans qc – *ici:* se consoler avec qc
l'agrégation – concours qui permet l'accès à l'enseignement secondaire ou supérieur
un, une pensionnaire – Stipendiat
la Khâgne *(argot scolaire)* – classe du cours préparatoire
appliquer qc – mettre qc en pratique
à la lettre – avec exactitude

**p. 4**
s'intercaler – se placer entre deux choses
âpre – violent
une rupture – fin brusque d'une relation
se poser en qc – se présenter comme qc
un, une contestataire – personne qui critique, qui met qc en question
un abus – *ici:* injustice
épouser qc – *ici:* prendre parti pour qc
élargir qc – rendre qc plus vaste
procéder de qc – avoir son origine dans qc

**p. 5**
une voie de salut – Heilsweg
déclinant,e – qui faiblit
un, une militant,e – personne qui s'engage activement dans un combat
marqué,e – unverkennbar, deutlich

**p. 7**
une mouche – Fliege
(à) Huis clos – toutes portes fermées, sans que le public soit admis

**p. 8**
adhérer à qc – devenir membre de qc

**p. 11**
préalable à qc – qui doit être fait avant qc
de toute éternité – depuis toujours
avant que . . . ne – avant que

synthétiser qc – réunir tous les éléments de qc
perpétuel,le – qui dure toujours
une issue – solution
dérisoire – banal

**p. 12**
un sursis – Aufschub
pour de bon – sérieusement, réellement
une défaite – *contr. de* victoire
préfigurer qc – présenter les traits caractéristiques de qc
la célébrité – grande renommée
s'accomplir – se réaliser
un échange – Austausch
une sépulture – Grab
inéluctable – inévitable
un bourreau – *ici:* tueur, assassin
une putain *vulg* – prostituée
un diable – satan
sur un coup de dé – action faite au hasard
un, une séquestré,e – personne qui est tenue enfermée illégalement

**p. 13**
précéder qc – être placé avant ou devant qc
la dignité – Würde
fonder qc – créer qc
indifférent,e – désinteressé,e
la vigueur – force
amener qn à f. qc – conduire qn à f. qc
tracer qc – faire qc, décrire qc
révélateur, -trice – aufschlußreich
l'étroitesse *f* – Enge
la portée – *ici:* importance

## Les Mouches

**p. 15**
assumer qc – accepter qc
instaurer qc – établir qc
la pénitence – Buße, Strafe
vouer à qc – *ici:* condamner à qc

un remords – sentiment d'être coupable
un essaim – groupe d'insectes
bourdonner – bruit que fait un insecte en volant
fondre sur qn – se jeter sur qn, attaquer qn
le deuil – tristesse profonde
le repentir – Reue
une cérémonie expiatoire – cérémonie qu'on organise dans le but de faire pénitence
commémorer qc – rappeler par une cérémonie le souvenir de qc
censé,e – que l'on croit
inciter à qc – encourager à faire qc
semer la peur – faire peur
un prodige – miracle
se soumettre à qc – obéir à qc
persécuter qn – poursuivre qn en le torturant

**p. 16**

la haine – aversion profonde
exécuter qn – tuer qn
lâche – *contr. de* courageux
la soumission – le fait de se soumettre à qn
anéantir qc – détruire qc
défier qn – provoquer qn
la lassitude – *contr. de* enthousiasme

**p. 17**

faire des libations – Trankopfer darbringen
une coïncidence – un hasard
une taille – dimension
une grenouille – Frosch
apaiser qc – calmer qc
une inquiétude – souci
s'apprêter à f. qc – se préparer à f. qc

**p. 18**

un rempart – mur de la ville
se repentir – bereuen
un gendre – Schwiegersohn
pénétré,e par qc – rempli de qc
une faute originelle – Erbsünde
un bouvier – personne qui garde les bœufs
hurler – crier de toutes ses forces

lâcher les morts – les faire sortir de leur caverne
s'enquérir de qn – demander des nouvelles de qn
une didascalie – Regieanweisung *(voir Lexique, p. 110)*
un metteur en scène – responsable de la réalisation d'une pièce sur scène
préliminaire – qui concerne le début
qualifié,e – nommé, appelé
barbouillé,e de qc – sali, taché de qc
une exigence – nécessité

**p. 19**
présager – prévenir
un scripteur – auteur
au cours du déroulement de qc – pendant qc
insupportable – intolérable
une tirade – longue suite de phrases
l'abondance *f* – grande quantité
ralentir – aller plus lentement
relater qc – raconter qc
s'appuyer sur qc – reposer sur qc
une succession temporelle – zeitliches Nacheinander
réitéré,e – répété
une intrusion – le fait de se mêler dans qc
un narrateur – celui qui raconte qc
perçu,e – observé

**p. 20**
s'insérer dans qc – être incorporé dans qc
susciter qc – faire naître qc
familièrement – dans la langue de tous les jours
prêter à faire – faire faire
une épithète – *ici:* adjectif
aboutir à qc – conduire à qc
imminent,e – immédiat
en suspens – dans l'incertitude
le rachat – Wiedergutmachung
un péché – Sünde
un fumet – odeur agréable
délectable – déliceux
délibéré,e – voulu
se greffer – s'ajouter

**p. 21**

un bouquet – ensemble de fleurs
affrachir qn de qc – libérer qn de qc
une servitude – contraintes, obligations
un dessein – projet
rien ne le rattache à ce peuple – il n'existe aucun lien affectif entre lui et ce peuple
un poids – Last, Bürde
un songe – rêve

**p. 22**

le néant – vide
détourner de qc – écarter, éloigner de qc
excessif,ve – exagéré
le droit de cité – Bürgerrecht
une mise en acte – mise en pratique, réalisation
dès – *ici:* depuis
un prière d'insérer – Waschzettel
le fatum *lat* – destinée
l'arbitraire *m* – ce qui est incalculable
revendiquer qc – réclamer, exiger qc
dans leur essence même – au fond
peupler qc – remplir qc
un sanctuaire – monument sacré, religieux
un précepteur – éducateur
une érudition – savoir
sorbonicole – de la Sorbonne (université de Paris)

**p. 23**

la dérision – *ici:* ironie
arracher qn à qc – délivrer qn de qc malgré sa résistance
s'emparer de qc – prendre possession de qc
combler qc – remplir qc
scandé,e par qc – rythmé par qc
une graphie en italiques – Schrägschrift
la diction – prononciation
une caisse – grande boîte en bois
apostropher qc – adresser la parole à qc
une offrande – ce que l'on offre à Dieu
une toupie *fam* – femme désagréable

cracher – spucken
une épée – Schwert, Degen
fendre qc – couper qc dans le sens de la longueur

**p. 24**
un artifice – un moyen habile
une suspension – arrêt
il convient que + *subj* – *ici:* il est utile que
une clôture – conclusion, fin
s'articuler en deux temps – *ici:* se diviser en deux parties
les ordures *f* – Abfälle
infecte – dégoûtant
recourir à qc – employer qc
un,e locuteur, -trice – qn qui parle
en fait – réalité
être dû,due à qc – être causé par qc
cru,e – *ici:* choquant
relever qc – noter qc
un champ lexical – Wortfeld
une connotation – idée associative
un rejet – refus, condamnation
un relent moisi – Geruch nach Verschimmeltem
la chair – menschliches Fleisch

**p. 25**
un croquemitaine – Kinderschreck, Schwarzer Mann
une épluchure – Abfall, Schale v. Obst o. Gemüse
en dépit de qc – malgré qc
aussi + *inv* – c'est pourquoi
une finalité – but
incarner qc – représenter qc
vigilant,e – qui fait attention
un désarroi – confusion
un constat – bilan
une contingence – hasard
captiver qn – passionner qn

**p. 26**
un engluement – *urspr.* Festkleben, *d. h. etwa:* das immer tiefere Verstricktwerden
respirer qc – *ici:* être marqué par qc
effectuer – faire

dépeindre qc – caractériser qc
un sabre – Säbel
concourir à qc – participer à qc
un réseau – Beziehungsgeflecht
se déclencher – démarrer

**p. 27**
être réduit,e à l'état de qc – être obligé de travailler comme qc
servile – qui convient à un esclave
déguiser qc – cacher qc
descendre qn – tuer qn
redresser le peuple – lui rendre espoir et vitalité
les propos *m* – paroles

**p. 28**
dénoncer qc – démasquer qc
humiliant,e – honteux
un ailleurs – un autre lieu
jaillir – *ici:* apparaître brusquement
une mission – devoir, mandat
tendre à f. qc – viser qc
une complicité – geheimes Einvernehmen
exclu,e de qc – se trouvant en dehors de qc
une distorsion – déséquilibre
un dramaturge – auteur de pièces de théâtre
enchaîner les répliques – les lier entre elles
à propos – d'une manière convenable
naître – *ici:* apparaître

**p. 29**
aigu, aiguë – vif, violent
une lumière – *ici:* clarté
contaminé,e – angesteckt
la culpabilité – Schuld
un aveu – reconnaissance d'une faute
un enlèvement – Raub, Entführung
un mercenaire – soldat qui sert un Etat à prix d'argent
être tourmenté,e – se faire de grands reproches
néfaste – *ici:* mauvais
supplier qn – prier qn

**p. 30**

être perçu,e comme qc – als etwas wahrgenommen werden
se révéler comme qn – apparaître comme qn
suggérer qc – évoquer qc
soit – d'accord
un nom d'emprunt – faux nom
implicite – non-exprimé
saisissant,e – étonnant
redouté,e – craint
déceler qc – découvrir qc
nourri,e de qc – renforcé par
un dévoilement – révélation
être pressenti,e comme qn – als jd erahnt werden
la mauvaise foi – malhonnêteté
la lucidité – *ici:* réalisme
traîner qc – ne pas pouvoir s'en débarrasser

**p. 31**

un mélange – Vermischung
la gêne – *ici:* difficulté
exquis,e – adorable
être destiné,e à qn – s'adresser à qn
eût – aurait
dérouter qn – laisser qn perplexe
tirer parti de qc – utiliser qc
s'affronter – s'opposer
une tournure – expression
un os – petite partie du squelette
à la disposition de qn – zu js freier Verfügung
la défense – *ici:* protection
une contestation – mise en question
un paroxysme – point culminant
se douter de qc – *ici:* savoir

**p. 32**

prendre des dispositions – faire le nécessaire
débarrasser qn de qc – délivrer qn de qc
or – *ici:* mais
une réplique – paroles dites par un acteur
lancer – *ici:* Worte, Sätze herausschleudern
une sollicitude – intérêt

un maître d'œuvre – qn qui dirige d'autres personnes
un affrontement – *ici:* dispute
se clôre – se terminer
désuet,e – démodé

**p. 33**
pénible – dur
une demeure – *ici:* endroit où séjournent les morts
hait – *3e personne du singulier de* haïr = détester
la laideur – *contr. de* beauté
la prostration – résignation
creux,se – vide de sens
la détermination – Bestimmtheit, Bedingtsein

**p. 34**
répugnant,e – dégoûtant
une souillure – Befleckung
se faire qc – devenir qc
se renier comme qn – sich als jd verleugnen
un échec – défaite
un engluement – *voir p. 26*
par le biais de qc – par le moyen de qc
une contrainte – nécessité
différé,e – zeitversetzt
une dénomination – le fait de nommer qc
une juxtaposition – Reihung
une fourrure – Pelz
imagé,e – métaphorique
être en proie à qn – être livré à qn
accablant,e – très pénible
confiant dans qc – qui a confiance en qc
un censeur – critique, juge

**p. 35**
interpeller qn – s'adresser à qn
l'abjection *f* – honte
aller quérir qn – aller chercher qn
assouvir sa haine – seinen Haß austoben
bafouer qn – traiter qn avec mépris, le ridiculiser
faute de qc – par manque qc
un,e débiteur, -trice – personne qui a une dette envers qn
infâme – horrible, ignoble

un usurier, une usurière – Wucherer
un supplice – souffrance morale
faire des singeries – Faxen machen
saisir qn à bras-le-corps – le prendre avec les deux bras/par le milieu du corps
la stupéfaction – grande surprise

**p. 36**

une imposture – mensonge
prendre le contre-pied de qc – faire le contraire de qc
en tourbillon – wie der Wirbelwind
ronger qc – manger qc
une apostrophe – *figure de style* = Anrede
inaugurer – *ici:* introduire
une recurrence – répétition
une accumulation – *figure de style* = Häufung
un terme – expression
le dépit – chagrin causé par une déception
l'amertume *f* – sentiment de tristesse causé par une injustice p. ex.
l'agonie *f* – derniers moments avant la mort
un mode d'apparition – façon d'apparaître
une brume – brouillard
une harpie – monstre à tête de femme et corps d'oiseau
l'éloquence *f* oratoire – art de bien s'exprimer dans un discours
imposé,e par qn – dicté par qn
une affinité – ressemblance
figé,e – paralysé
acculés les uns aux autres – etwa: ausweglos zusammengetrieben
écœurant,e – dégoûtant,e
encroûté,e dans qc – enfermé dans qc
un cercle d'enfer – situation dans laquelle on est enfermé

**p. 37**

la déploration – déplorer = beweinen
sans heurt – sans affrontement
entrecoupé,e – interrompu
et ... et – sowohl ... als auch
une offense – affront, insulte
la justesse – *ici:* choix heureux
s'effilocher – *ici:* se perdre

une hémorragie – perte de sang
n'avoir que faire de qn – n'avoir aucun besoin de qn

**p. 38**
dénier qc à qn – refuser qc à qn
supplicié,e – souffrant
sacrilège – gottlos, frevelhaft
approuver qc – donner son accord à qc
leur cœur lui est acquis – sie hat ihr Herz gewonnen
obstruer qc – boucher qc
le fracas – grand bruit
une révélation –déclaration
être l'inverse de qc – être contraire à qc
moral,e – geistig
avoir prise sur qn – avoir moyen d'agir sur qn

**p. 39**
libérateur, libératrice – qui rend libre
aboutir – réussir
malgré l'insistance d'Electre – malgré ses prières

**p. 40**
s'enrouler dans qc – s'envelopper dans qc
dissuader qn – amener qn à renoncer
éclairer qn – lui dire quoi faire
précédemment – auparavant
se rire de qc – se moquer de qc
se lester de qc – se charger de qc
un forfait – crime
une cognée – grande hache
s'enfoncer dans qc – pénétrer dans qc
un tablier – Schürze
expier – sühnen, büßen
l'engrenage *m* – *ici:* machine
aller au-devant de qc – aller à la rencontre de qc
ultime – dernier

**p. 41**
dès lors – en conséquence
placer qn – le mettre dans une position
la hache – Axt
bigot,e – d'une piété exagérée

filer doux – obéir
supprimer qc – faire disparaître
une choéphore – femme qui portait chez les Grecs les offrandes destinées aux morts
un châtiment – punition
contracter qc – attraper qc
se borner à f. qc – se contenter de f. qc
relever qc – remettre qc en bon état

**p. 42**

un déplacement – changement de position sur la scène
un assault – attaque
un plancher – sol d'une pièce
craquer – produire un bruit sec
un corps de garde – groupe de soldats chargés de la garde d'un batiment p. ex.
crédule – qui croit tout ce qu'il entend
percevoir – remarquer

**p. 43**

las,se – très fatigué
meubler qc – remplir qc
une mômerie – Mummenschanz
le répit – repos
une mûre – Brombeere, Maulbeere
écraser qc – etwas zerquetschen
confirmer qn – le rendre plus ferme
à leur insu – sans qu'ils le sachent
une fourberie – tromperie hypocrite
l'éclatante vérité – vérité qui saute aux yeux
signifier qn – faire remarquer à qn
une infraction – désobéissance
interdit,e – très étonné

**p. 44**

illustrer qc – mettre qc en lumière, servir d'exemple
le vouvoiement – le fait de dire «vous» à qn
le tutoiement – le fait de dire «tu» à qn
une catin – putain
un langage familier – Umgangssprache
un langage élevé – gehobene Sprache
une fable – *ici:* histoire inventée

un décalage – différence
un abandon de qc – le fait de renoncer à qc
un sujet – personne soumise à l'autorité d'un souverain
l'usure *f* – *ici:* fatigue
hérité,e – vererbt

**p. 45**

recevoir – *ici:* comprendre
un entretien *m* – conversation
le maintien de qn – le fait de garder qn
l'approbation *f* – autorisation, accord
s'imposer à qn – se faire accepter par qn
une coque – Schale
verser – *ici:* pleurer
une affirmation – Behauptung
un préjugé – idée toute faite
dépouiller qc – priver qc
sublime – ce qu'il y a de plus élevé dans l'ordre moral

**p. 46**

crever *fam* – mourir
funéraire – qui concerne l'enterrement
médité,e par qn – projeté par qn
plonger qn dans qc – *ici:* jeter qn dans qc
s'emparer de qn – se rendre maître de qn
foudroyer qn – tuer qn par un éclair
voûté,e – dos courbé
exploser – *ici:* se manifester brusquement

**p. 47**

un scélérat – criminel
machiavélique [makjavelik] – méchant et rusé *(de Machiavel, homme d'Etat florentin)*
sinistre – effrayant
nier qc – rejeter qc
co-responsable – mit-verantwortlich
dilué,e – diffusé, répandu
chancelant,e – en tombant
une emprise sur qn – domination exercée sur qn

**p. 48**

prendre garde à qc – se méfier de qc
nuire à qn – faire du mal à qn

avec intransigeance *f* – sans faire de concessions
l'absolu *m* – la seule valeur dont l'homme a besoin
aboutir à qc – conduire à qc
le pire – le plus grave
une notion – idée
un parricide – meurtre d'un parent
immonde – sale
un coquin – bandit
la bienséance – respect de certaines formes
glisser – gleiten
inflexible – sans pitié
jalonner qc – marquer qc
un descendant – Nachkomme

**p. 49**
jouir de qc – éprouver un grand plaisir de qc
le cœur se serre – on est angoissé, accablé
un porc – *ici:* homme grossier et sale
vivre – *ici:* erleben
entamer qc – douter de qc
l'adhésion à qc – *ici:* accord avec qc

**p. 50**
un étau – Schraubstock
un revirement – changement complet dans les opinions de qn
crucial,e – fondamental
s'effectuer – se dérouler
rompu,e – interrompu
une phrase exclamative – Ausrufesatz
une agitation intérieure – émotions
une appellation – expression qualificative
consacré,e à qn – destiné à qn
une insulte – parole blessante
faire preuve de qc – montrer qc
partager qc - *ici:* communiquer qc
l'épaisseur *f* – *ici:* obscurité
l'aube *f* – moment juste avant le lever du soleil
affermir qc – renforcer qc

**p. 51**
étrange – bizarre
défaire – *ici:* rückgängig machen

un sentier – petit chemin
emprunter un sentier – choisir
enfler – grossir
distant,e – qui garde ses distances
finir par f. qc – arriver finalement à f. qc
une convergence – Zusammenspiel
au fil de qc – au cours de qc
forger qc – *ici:* créer qc
un concitoyen, une concitoyenne – compatriote
être confiné,e dans qc – être fixé sur qc, limité â qc
un accomplissement – Erfüllung

**p. 52**
l'aube *f* – *ici:* début *(voir p. 50)*
ancrer qn parmi les hommes – l'intégrer dans la société
un passeur d'eau – personne qui fait traverser un cours d'eau quand il n'y a pas de pont
la lucidité – qualité d'une personne qui voit clairement les problèmes
alourdi,e – plus lourd
un meurtre – action de tuer qn volontairement
témoigner de qc – exprimer qc
la pénombre – lumière très faible
au fond – à l'arrière
infliger qc à qn – imposer qc à qn
la volupté – grand plaisir

**p. 53**
inscrit,e sur qc – qui marque qc
s'échapper – sortir
se désolidariser – *contr. de* se solidariser
entraîner qn dans qc – *ici:* amener qn à partager qc
radieux,se – *ici:* heureux
l'apaisement *m* – le fait de calmer qn
une déesse – *forme féminine de* dieu
dévorer qn – *ici:* saisir qn
se dégager de qn – se délivrer de qn
l'urgence *f* – nécessité
poindre – apparaître
exposer qc à qn – décrire qc à qn

**p. 54**
une compromission – compromis douteux
associer qn à qc – faire participer qn à qc
en envol – action de partir comme un oiseau
prendre conscience de soi-même – s'apercevoir de son identité
parvenir à qc – réussir qc
rentrer dans l'anonymat *m* – redevenir anonyme
puiser – *ici:* chercher, prendre
à l'égard de qn – pour ce qui concerne qn
pitoyable – malheureux
compatissant – mitfühlend
dénoncer qc – critiquer qc
l'abjection *f* – grande honte
affirmatif,ve – *contr. de* négatif
impudent,e – impertinent, insolent
crucifier qn – faire mourir qn comme le Christ

**p. 55**
décharger qn de qc – libérer qn de qc
digne de foi – qui mérite de la confiance
un bouffon – personnage comique
un assassin – tueur
une extension spatiale – agrandissement de l'espace
un décor – lieu représenté sur une scène de théâtre
constellé,e de qc – avec un grand nombre de qc
distinguer qn – voir qn
une écharde – Splitter, Spreißel
la chair – *voir p. 24*
une image trompeuse – illusion
soutenu,e – *ici:* maintenu
conjurer qn de f. qc – prier qn de f. qc
blasphémateur, -trice – personne qui offense dieu
chanter qc – célébrer qc
la suavité – douceur délicieuse
prodiguer qc – donner qc généreusement
prêcher qc – *ici:* conseiller qc

**p. 56**
l'inconfort *m* – manque de confort
désormais – à partir du moment actuel
le lot – destin, sort

assimiler qc à qn – considérer qc comme semblable à qc
une vocation – Berufung
tout court – et rien d'autre
reprocher à qn de f. qc – jm vorwerfen, etwas zu tun
une référence à qn – action de se situer par rapport à qn
une projection – *ici:* expression
une sottise – bêtise

**p. 57**

entendre – *ici:* vouloir
un,e coupable – qui a commis un crime
prétendre – *ici:* affirmer
vanter qc – parler favorablement de qn
un cachot – prison
l'ordonnance *f* – disposition selon un certain ordre
affecter de f. qc – faire semblant de f. qc
un manque – défaut
se référer à qc – sich auf etwas berufen
être dénaturé,e – ne plus être conforme à la nature
expulser – chasser
un tremblement – séisme
abominable – catastrophique
redouter qc – craindre qc
se tarir – s'arrêter de couler
le solipsisme – théorie philosophique qui affirme que rien n'existe en dehors de la pensée individuelle

**p. 58**

une passion – *ici:* souffrance
dépasser qc – surmonter, vaincre qc
à la lettre – au sens exact du mot
énoncer qc – formuler qc
l'anéantissement *m* – *ici:* mort
inévitable – obligatoire
prêter une oreille attentive à qn – l'écouter avec attention
tenir – *ici:* être solide, tenir bon
athée *nom/adj* – qui ne croit pas en Dieu
transcendant à qc – radicalement supérieur à qc
immanent,e à qc – qui est contenu dans qc
une tare – défaut
un abîme – désastre

la condition humaine – situation où se trouve un être vivant
une mystification – tromperie
faire obstacle à qc – empêcher qc
un rédempteur, une rédemptrice – sauveur

**p. 59**
traiter qn de qc – insulter qn en l'appelant qc
faillir à sa tache – ne pas faire son devoir
une ruche – Bienenstock
hormis – sauf
au-delà de qc – plus loin que
bondir – se précipiter
la ferveur – *ici:* amour
écorcher un animal – lui retirer la peau
le reniement – Verleugnung
acquiescer – accepter
un char – voiture
une ornière – Wagenspur
courbé,e – gekrümmt
un fardeau – poids, qc de lourd à porter

**p. 60**
exigeant,e – anspruchsvoll
délivrer qn de qc – libérer qn de qc
alléger qc – rendre qc moins pénible
foudroyant,e – violent
se résoudre à faire qc – se décider à faire qc
une échelle – Skala
se fondre avec qn – s'unir avec qn
rassurant,e – qui redonne confiance
concevoir qc – avoir une idée claire de qc
un bouleversement – grand changement
un accès – *ici:* arrivée

**p. 61**
barrer la route à qn – empêcher qn de passer
une apparition – action de se montrer
supporter qc – etwas auf sich nehmen
rôder – tourner dans la ville comme un fantôme
lié,e par qc – uni par qc
infesté,e de qc – envahi par qc

**p. 62**
gratuit,e – désintéressé,e
avoir horreur de qn – détester qn
diffuser qc – répandre qc
mystique – *ici:* caché
capital,e – principal
un dénouement – ce qui termine une action au théâtre
le final – dernière partie
rapporter qc – citer qc
une récompense – Belohnung
une hantise – obsession
un péché originel – Erbsünde
pesant,e – gênant
christique – qui concerne la personne du Christ
ressussité,e – wiederauferstanden
hanter qc – poursuivre qc
une ambiguïté – ambivalence

**p. 63**
acquérir qc – obtenir qc
bénéfique – qui fait du bien
une victime expiatoire – Sühneopfer
indifférent,e – *ici:* insensible
un fondement – principe
une démarche – pas
reposer qc sur qn – fonder qc sur qn
sa stricte individualité – son individualité uniquement

**p. 64**
verbalisé,e – transformé en paroles
un champ de bataille – lieu de combat
fatal,e – mortel
antagoniste – opposé
une hostilité – *contr. de* amitié
s'élancer – se précipiter
un renvoi – le fait de renvoyer qn
un moment paroxystique – point culminant

**p. 65**
nouer une crise – préparer une crise
dénouer une crise – la résoudre
par force – *ici:* par nécessité

une source – *ici:* texte original
un prolongement – *ici:* œuvre basée sur le texte original
le souffle – *ici:* inspiration
un chef-d'œuvre [ʃɛdœvʀ] – œuvre capitale d'un auteur
un chef suprême – commandant en chef
consentir à f. qc – permettre de f. qc
sacrifier qn – offrir qn comme don à un dieu
un époux, une épouse – mari, femme
prendre l'intérim du pouvoir – régner pendant l'absence du roi
à l'issue de qc – à la fin de qc
n'avoir de cesse de f. qc – ne pas s'arrêter de f. qc
un usurpateur, une usurpatrice – qn qui prend le pouvoir de force
un volet – *ici:* partie
J.-C. [ʒezykʀi] – Jésus-Christ
quasi-physique – presque corporel
l'ordre *m* établi – bestehende Ordnung

**p. 66**
à partage égal des voix – divisé en nombre égal des voix
la fatalité – destin
la vengeance – Rache
se confondre avec qc – se mêler avec qc
une épreuve – *ici:* souffrance, peine
couronner qc – représenter un moment essentiel pour qn
la progression – *ici:* progrès
hors de l'enceinte *f* – à l'extérieur des murs
consommer le mariage – Heirat vollziehen
feindre de faire qc – simuler de f. qc
engendrer qc – produire qc
le burlesque – d'un comique un peu fou
absoudre qn – accorder le pardon à qn
envisagé,e – considéré
un,e correspondant,e – qui correspond à qc
la sujétion – soumission
une malédiction – Fluch

**p. 67**
recueillir qc – réunir qc
rédiger qc – écrire qc
créer une pièce – la mettre en scène la première fois
descendre qn – tuer qn

un otage – personne gardée comme garantie
un objectif – but à atteindre
une portée – *ici:* signification
inexorable – *ici:* cruel
au fur et à mesure de qc – *ici:* proportionnellement à qc
un champ – *ici:* portée
un caprice – fantaisie
laïque – non religieux

**p. 68**
une ordure – *ici:* Miststück
le salut – Rettung, Heil
essentiel,le – principal
un vautour – Geier
projeter une ombre sur qn – Schatten werfen auf jn
être somnolent,e – dormir à moitié
délicatement – avec soin
assister à qc – être témoin de qc
se succéder – se suivre
réactualisé,e – adapté au monde moderne
véhiculer qc – transporter qc
contemporain,e – de notre époque

**p. 69**
clandestinement – en secret
à l'écart *m* – dans un endroit éloigné
redoubler qc – renforcer qc
s'émouvoir – être bouleversé

**p. 70**
par ailleurs – d'autre côté
l'Entre-deux-Guerres – l'époque entre les deux guerres mondiales
une parabole – Parabel

**p. 71**

un bourreau – personne qui torture qn
privé,e de qc – sans qc
à jamais – pour toujours
réciproquement – mutuellement
un enfer – Hölle
une damnation – condamnation aux peines de l'enfer
un,e mondain,e – personne qui fréquente la haute société
une cohabitation – vie commune
avouer qc – *ici:* confesser qc
noyer qn – tuer qn en le mettant sous l'eau
une attention – *ici:* gentillesse
se défendre de qc – *ici:* se protéger contre qc
un sarcasme – ironie blessante
être englouti,e par qc – être dévoré par qc
un éclat – explosion
grinçant,e – *ici:* schrill

**p. 72**

apparent,e – scheinbar
l'indifférence *f* – Gleichgültigkeit
dépourvu,e de qc – privé de qc
le peur l'habite – elle s'est emparée de lui
un peloton – groupe de soldats chargé de fusiller un comdamné
témoigner – *ici:* exprimer ses idées
attribuer à qc – mettre sur le compte de qc
un mensonge – *subst. de* mentir
la grossièreté – vulgarité
aller à l'encontre de qc – exprimer le contraire de qc
invulnérable – qui ne peut être blessé
une introspection – analyse de la conscience et des sentiments de qn
un palliatif – remède qui soulage
un accès – *ici:* crise

**p. 73**

infernal,e – *adj. de* enfer
adopter qc – choisir qc
dédaigneux,se – méprisant
hautain,e – arrogant
un coup de foudre – le fait de tomber amoureux tout d'un coup

cautionner qc – justifier qc
un adultère – infidélité
un interrogatoire serré – scharfes Verhör
extorquer qc à qn – obtenir qc de qn par la menace
un infanticide – meutre d'un enfant (nouveau-né)
consister à f. qc – darin bestehen, etwas zu tun

**p. 74**
un interlocuteur, une interlocutrice – personne qui parle avec une autre
peu importe – cela n'a pas d'importance
faux, fausse – *ici:* équivoque
une glace – miroir
un sursaut de qc – un reste de qc
s'emporter – se mettre en colère
une fois fait – après avoir fait

**p. 75**
avec minutie – exactement
l'endormissement *m* – moment où l'on s'endort
un charme – plaisir
une coupure – interruption
grossier, grossière – *ici:* impoli
insoutenable – insupportable
une paupière – peau qui ferme l'œil
un battement – *ici:* mouvement de la paupière
un clin d'œil – Zwinkern, Blinzeln
fournir qc – donner, livrer qc
à discrétion – autant que l'on en veut
un coupe-papier – couteau servant à couper du papier
selon les dires de qn – d'après qn
ils sont censés ne rien savoir – man unterstellt ihnen, nichts zu wissen
proférer qc – prononcer qc
un destinataire de qc – personne à qui s'adresse qc

**p. 76**
un être – *ici:* personne, caractère
la fixité – immobilité
un au-delà – monde imaginé après la mort
clos,e – fermé
la densité – intensité

arbitraire – dont les règles restent incompréhensibles
futile – *ici:* inutile
soupçonneux,se – méfiant
sursautant,e – montrant des réactions brusques
laid,e – *contr. de* beau
une discordance – manque d'harmonie
une interdépendance – dépendance mutuelle

**p. 77**
l'agitation *f* – nervosité
croissant,e – grandissant
flatter qc de la main – etwas streicheln
l'être – Sein
caresser qc – toucher qc tendrement
établir – *ici:* constater
immobiliser qn – transformer qn en être immobile

**p. 78**
à l'endroit – *ici:* vrai
à l'envers – *ici:* faux
cru,e – d'une clarté brutale
verrouillé,e – fermé à clé
l'ustensilité *f* – Gebrauchswert
pâteux,se – teigig, breiig
dérober qc à qn – voler qc à qn
une dissonance – *ici:* opposition
constituer – représenter
un ressort – force
décliner – *ici:* dire
insister sur qc – mettre l'accent sur qc
la gravité – sérieux

**p. 79**
un tic – contraction musculaire
à l'abandon – négligé
l'habileté *f* – talent
laisser planer un mystère – laisser l'incertitude dans les esprits
un enchaînement – liaison
une reprise – Wiederaufnahme
une insertion – Einfügung
la cohérence – structure logique

mené,e – construit
une prémisse – Vordersatz eines logischen Schlusses

**p. 80**
introduire qn – le faire entrer
à son tour – ihrerseits
enfouir qc – cacher qc
une mondanité – remarque qui traduit un penchant pour la vie mondaine
l'épinard *m* – Spinat
jurer avec qc – contraster avec qc
bordeaux – rouge foncé
congédier qn – permettre à qn de se retirer
s'incliner – faire la révérence
une méprise – erreur
se lâcher – *ici:* se tirer
une futilité – vanité, insignifiance
inopportun,e – déplacé
à partir de qc – en raison de qc

**p. 81**
initial,e – au début
qualifier qn – se faire une opinion de qn
cerner – *ici:* former
une appréhension – crainte
insolite – inhabituel
un agencement – organisation
s'entrelacer – s'entremêler
se superposer – disposer l'un au-dessus de l'autre
un repérage – découverte
accéder à qc – arriver à qc
dégager qc – faire apparaître qc
une séquence – *ici:* partie
délimité,e – divisé
un traitement – Behandlung
une temporalité – temps vécu
l'éternel *m* – Ewigkeit
accueillir – *ici:* admettre
se dessiner – *ici:* se manifester

**p. 82**
pris,e en charge – accueilli

séquestré,e – enfermé
une intrigue – événements qui forment l'action d'une pièce de théâtre
le rimmel – Wimperntusche
une pneumonie – Lungenentzündung
les condoléances *f* – le fait de prendre part aux douleurs de qn
le chagrin – peine
recevoir douze balles dans la peau – être fusillé
un état de choses – circonstance, situation

**p. 83**

une chaleur de cloporte – très grande chaleur (la cloporte = Kellerassel)
une coexistence – existence simultanée
une stupeur – grand étonnement
être assorti,e – aller bien ensemble
ponctué,e par qc – interrompu par qc
prendre qc pour appui – se baser sur qc

**p. 84**

majeur,e – principal
s'initer à qc – s'habituer à qc
ôter qc à qn – le priver de qc
s'étendre sur qc – en parler beaucoup
fidèle à sa retenue – qui reste discrète
la franchise – sincérité
une appartenance – Zugehörigkeit
fragile – *ici:* vague
s'écouler – *ici:* passer
les questions fusent – elles sont posées d'un coup et en grand nombre
elliptique – incomplet
une sanction – punition

**p. 86**

progresser dans qc – continuer qc
l'inquisition *f* – *ici:* interrogatoire
les italiques *m* – Schrägschrift
interroger qn – lui poser des questions
s'absenter – partir, s'en aller (= *euphémisme pour* mourir)
écarter qc – éloigner qc
se croiser les bras – ne rien faire, rester inactif
réconforter qn – soutenir qn

**p. 86**

une évidence – certitude
engager qc – commencer qc
contenu,e – retenu
la tension éclate – elle se manifeste d'un coup
regrouper qc – rassembler qc
projeté,e dans qc – in etwas geworfen
réduit,e – aux dimensions petites
à la mesure que – aussi grand que
s'immiscer dans qc – se mêler dans qc
exit – *ici:* fini
se désagréger – se dissoudre

**p. 87**

édifier qc – construire qc
a priori – à l'avance
s'ingénier à f. qc – chercher à f. qc de toutes ses forces
esquiver – éviter
une prise de conscience de qc – effort de se rendre compte de qc
une précaution verbale – effort d'éviter le langage cru
l'inconscience *f* – Leichtfertigkeit
une midinette – jeune ouvrière parisienne de la couture, *ici:* jeune femme simple et frivole
se clouer la bouche – se taire
souillé,e – sali

**p. 88**

s'exclure de qc – ne pas participer à qc
la bavardage – le fait de parler de choses et d'autres
une exécution capitale – Hinrichtung
chanceler – perdre l'équilibre en risquant de tomber
épouvanté,e – effrayé
refléter qc – renvoyer l'image de qc
une atteinte à qc – Beeinträchtigung von etwas
excédé,e – irrité
autrui – les autres êtres humains
un regret aigu – grande douleur à cause d'une perte

**p. 89**

rassurer – libérer de craintes
déformer – *ici:* dominer
à volonté – à la manière que l'on veut

agresser qn – attaquer qn
je puis – je peux
entretenir un dialogue – faire un effort pour le poursuivre
se mettre en scène – se conduire comme si on jouait un rôle sur scène
animé,e – vivant
le narcissisme – admiration de soi-même
séduire qn – conquérir qn, plaire à qn
renvoyer à qn – *ici:* s'adresser à qn
à deux reprises – deux fois
encercler qn – *ici:* isoler qn

**p. 90**
une exclusion – isolement
faire des avances à qn – lui parler pour nouer des relations amoureuses
tant que – aussi longtemps que
avouer – dire la vérité
roussir – devenir rouge
un goujat – mal élevé, impoli
imposer qn à qn – obliger qn de vivre avec qn
un,e damné,e – *ici:* de mauvaise réputation
une méchanceté – volonté de faire du mal
avoir beau + *inf* – s'efforcer en vain
déployer qc – employer qc
fracassé,e –cassé avec violence
une enquête – interrogatoire

**p. 91**
une vraisemblance – Wahrscheinlichkeit
une adhésion intellectuelle – *ici:* compréhension
un entrelacement – Verflochtensein
une superposition – Überlagerung
triple – trois fois
singulièrement – particulièrement
un ici-maintenant – Hier und Jetzt
un ailleurs-simultané – gleichzeitiges Anderswo
perturber qc – déranger qc
le passé raconté – erzählte Vergangenheit
la malfaisance – action mauvaise
briser qc – détruire qc
une séquestration – emprisonnement

échouer – ne pas réussir
transpercé,e par qc – pénétré,e par qc

**p. 92**
pantelant,e – *ici:* gefügig
vidé,e – qui n'a plus de forces morales
un éclat – *ici:* remarque scandaleuse
la vanité – inutilité, absurdité
une tirade-récit – tirade qui devient récit
s'améliorer – devenir meilleur
l'inanité *f* – inutilité
emplir qc – remplir qc, *ici:* caractériser qc
s'étreindre – se serrer l'un contre l'autre
un piège – Falle

**p. 93**
il se peut que + *subj* – il est possible que
lâcher prise – cesser de tenir
céder – *ici:* obéir
à sa guise – comme il lui plaît
chuchoter – parler tout bas
insistant,e – dringlich
protéger qn – jn schützen
lapidaire – bref et précis

**p. 94**
complice – témoin
de choix – de première qualité
parcourir qc – traverser qc
une temporalité – Zeitebene
coexister – exister simultanément
un tir – *ici:* feu
implacable – sans pitié
acculer qn à qc – le pousser à qc
un tourment – peine
frivole – superficiel
porter secours à qn – l'aider
un traité – pacte
palpable – manifeste
s'enrichir de qc – devenir plus riche (en ajoutant qc)
indéfiniment – sans fin
un procédé – méthode

en vue de qc – pour permettre qc
un sauvetage – Rettung

**p. 95**
faire irruption – apparaître
mettre qc en lumière – souligner qc
une menace – Drohung
usuel,le – traditionnel
ne plus rien pouvoir sur qc – ne plus exercer d'influence sur qc
l'espace scénique – la scène
énoncer qc – dire qc
la véhémence – violence
hors de qc – à l'extérieur

**p. 96**
sur le point de f. qc – prêt à f. qc
un salaud *pop* – personne méprisable
réclamer qc – exiger qc
pincer qn *fam* – arrêter qn
avoir conscience de qc – se rendre compte de qc
sur l'acceptation de qc – sur la base de qc
saper qc – détruire qc
une figure – *ici:* constellation
à l'aise – unbefangen, frei
répondre à qc – correspondre à qc

**p. 97**
s'épuiser – sich erschöpfen
tronqué,e – incomplet
poussé,e à bout – in die Enge getrieben
arriver à terme – se réaliser jusqu'au bout
importer – avoir de l'importance, intéresser
cruel,le – *ici:* inhumain
épouvantable – horrible
dévoilé,e – révélé
dodeliner de la tête – balancer doucement la tête
une consigne – ordre, instruction
acquitter qn – déclarer qn non coupable
la trahison – Verrat

**p. 98**
être ruiné,e – *ici:* rester sans succès
rétablir qc – remettre qc en place

une supplication – prière
ravir qn – plaire beaucoup à qn
frôler – toucher légèrement
convaincre qn – persuader qn
tirer un trait – Schlußstrich ziehen
la tendresse – Zärtlichkeit

**p. 99**

une cheminée – endroit où l'on fait du feu dans une maison
le soufre – Schwefel
un bûcher – Scheiterhaufen
se débattre – s'agiter pour se dégager
perceptible – compréhensible
supprimer qn – tuer qn
l'impuissance – incapacité
modifier en qc – transformer en qc

**p. 100**

ramasser qc – *ici:* condenser qc
un existant – être vivant
secréter qc – produire qc
l'inertie – poids, résistance
une objectivation – le fait de devenir objet
distinct,e de qc – différent,e de qc
sensible – perceptible
styliser qc – utiliser qc comme figure de style
tambouriner contre qc – donner des coups répétés et violents contre qc

**p. 101**

troubler – déranger
être en communion de qc – être en liaison, uni par qc
un aliment – *ici:* Triebfeder
éprouvant,e – difficile à supporter
engager qc – *ici:* mettre qc en jeu
un appel – invitation
sans appel – unwiderruflich
citer qc – nommer qc
parodier qc – imiter qc d'une façon grotesque
sans relâche – sans arrêt

**p. 102**

fuyant,e – insaisissable

saugrenu,e – absurde et bizarre
être harcelé,e de qc – être attaqué de qc
supplémentaire – en plus
s'inscrire dans qc – faire partie de qc
une ligne – *ici:* profil
mettre qc en œuvre – utiliser qc
aboutir à qc – conduire à qc
un recommencement final – le début de la pièce et sa fin se rejoignent
consacrer qc – se composer de qc
un aboutissement – fin

**p. 103**
devoir à qc – verdanken
faire figure de qc – tenir le rang de qc
dense – intense, profond
tel,le ou tel,le – den oder jenen
un cas – *ici:* action
la sobriété – manque d'ornements
la contestation – protestation
de combat – de guerre

**p. 104**
infranchissable – insurmontable
un point de vue – aspect
en contrepoint – en opposition
rigoler *fam* – rire
couler – fließen
un serment – Schwur
sacré,e – d'un respect absolu
un code gestuel – langage des gestes
une spécificité – particularité
rendu,e – exprimé

**p. 105**
apparemment – qui paraît
signalé,e – indiqué
une attaque – *ici:* début
revêtir qc – *ici:* prendre
prendre possession de qc – sich etwas aneignen
prendre sens – avoir une signification
un constat conclusif – bilan

un point de suspension – Auslassungspunkte
continu,e – qui ne s'arrête pas
transmettre qc à qn – faire passer qc à qn
un défi – provocation
intérioriser qc – accepter qc
anodin,e – banal

**p. 106**

relancer qc – faire partir qc
se substituer à qc – remplacer qc
effacer qc – faire disparaître qc
suspendre qc – arrêter, couper qc
altérer qc – modifier qc
surgir – apparaître
une séquence – *ici:* unité
une prévision – connaissance de l'avenir
avoir pour principe – avoir comme règle d'action
partir de qc – ausgehen von etwas
un choc – rencontre
un pilier – principe
antérieur à qc – avant qc

**p. 107**

un approfondissement – Vertiefung
introspectif,ve – qui se fait par l'observation de soi-même
supposé,e + *adj* – considéré comme + *adj*
un citoyen, une citoyenne – *ici:* habitant
ultra-temporel – au-delà du temps
immuable – qui ne change pas
se percevoir – se faire observer
un homme-chose – être devenu objet
ressentir qc – éprouver qc
définissable – que l'on peut définir (= fixer)
né,e de qc – causé par qc
destiné,e à f. qc – condamné à f. qc
se supporter – se tolérer

**p. 108**

se construire dans qc – résulter de qc
un frisson – Schauder
invoquer qc – faire appel à qc
une cité – ville (Etat)

être lié,e à qc – former un tout avec qc
supérieur,e – qui dépasse qc
solennel,le – feierlich
une filiation – parenté
un héritage – Erbe
le sacré – ce qui appartient aux dieux
une passion – amour fou
dans le cadre de qc – dans les limites de qc
un manque – déficit
un héros, une héroïne – Held
tenir à qc – être causé par qc

**p. 109**

avertir qn de qc – informer qn de qc
la démesure – Maßlosigkeit
maintenu,e dans qc – enfermé dans qc
mettre un terme à qc – mettre fin à qc
la piège intériorisé est déjà refermé – *etwa:* die imaginäre Falle ist bereits zugeschnappt
divorcé,e de qc – séparé,e de qc

**p. 110**

une suggestion – idée associative
le sens propre – eigentliche Bedeutung
désigner qc – signifier qc
sous-entendu,e – qui n'est pas dit expressément
un concept – idée

**p. 111**

faire voile – segeln
comploter qc – préparer qc par un complot

# Noms Propres

Anouilh, Jean (1910–1987) Auteur dramatique français (Antigone, 1944)
Barbedienne, Ferdinand de (1810–1892) Sculpteur français
Baudelaire, Charles (1821–1867) Poète français, auteur des «Fleurs du Mal» (1857)
Beauvoir, Simone de (1908–1986) Ecrivain français et compagne de Sartre
Bossuet, Jacques Bénigne (1627–1704) Théologien et écrivain français, auteur des «Oraisons funèbres»
Camus, Albert (1913–1960) Ecrivain français, auteur de «L'Etranger» (1942)et de «La Peste» (1947). Prix Nobel en 1957
Condorcet: Lycée à Paris qui porte le nom du marquis de Condorcet, (1743–1794), philosophe, mathématicien et homme politique français
Débarquement allié: Landung der Alliierten an den Küsten der Normandie (1944)
Dullin, Charles (1885–1949) Acteur et metteur en scène français
Ecole normale supérieure: Grande école destinée à la formation des professeurs
Eschyle (~525 – ~456) Poète tragique Grec, auteur de la trilogie «L'Orestie»
Euripide (~480 – ~406) Poète tragique grec
Flaubert, Gustave (1821–1880) Ecrivain français, l'auteur du roman «Madame Bovary» (1857)
Front populaire: coalition des partis de gauche (1936)
Gargantua: Héros du roman «La vie inestimable du grand Gargantua» (1534) de François Rabelais
Genet, Jean (1910–1986) Auteur dramatique français
Giraudoux, Jean (1882–1944) Ecrivain français, auteur de la pièce «La Guerre de Troie n'aura pas lieu» (1935)
Gluck, Christoph Willibald (1714–1787) Compositeur allemand
Husserl, Edmund (1859–1938) Philosophe allemand, connu pour sa méthode phénoménologique
Ionesco, Eugène (1912) Auteur des pièces «La Cantatrice chauve» (1950) et «Rhinocéros» (1959)
Laon: Chef-lieu du département de l'Aisne en Picardie

Louis Le Grand: Lycée renommé à Paris, nom donné en souvenir de Louis XIV
Marcel, Gabriel (1889–1973) Philosophe et dramaturge français
Meursault: Héros du roman «L'Etranger» (1942) de A. Camus
Molière, Jean-Baptiste Poquelin, dit (1622–1673) Auteur dramatique et comédien français
Montaigne, Michel Eyquem de (1533–1592) Ecrivain français, auteur des «Essais» (1580)
Neuilly-sur-Seine: ville tout près de Paris
N. R. F.: Nouvelle Revue française, revue littéraire
Olympe: Massif montagneux en Grèce, résidence des dieux dans la mythologie
Oran: ville et port d'Algérie
Pascal, Blaise (1623–1662) Savant, penseur et écrivain français, auteur des «Pensées» (1670)
Racine, Jean (1639–1699) Poète dramatique français, auteur de «Phèdre» (1677) et de «Britannicus» (1669)
Ronsard, Pierre de (1524–1585) Poète français
Roquentin: Héros du roman «la Nausée» (1938) de Jean-Paul Sartre
Second Empire: règne de l'empereur Napoléon III, style orné et lourd
Sénèque (~4 – ~65) Homme politique, écrivain et philosophe romain
Shakespeare, William (1564–1616) Poète dramatique anglais, auteur de «Roméo et Juliette» (1594)
Sophocle (~496 – ~406) Poète tragique grec, auteur de «Oedipe roi» et «Electre»
Stalag: camp de prisonniers de guerre en Allemagne *(Abk. von Stammlager)*
Tartuffe: comédie de Molière (1684) et personnage principal de cette pièce, incarnant l'hypocrisie
Triple Entente: alliance entre la France, la Grande-Bretagne et la Russie (1907)
Vian, Boris (1920–1959) Ecrivain français, auteur-compositeur-interprète de ses chansons
Voltaire, François Marie Arouet, dit (1694–1778) Ecrivain français, auteur du conte «Candide ou l'optimisme» (1759)

# Bibliographie


**Ausgaben:**

Sartre, Jean-Paul: Huis clos suivi de Les Mouches, Gallimard 1947; dieselbe Ausgabe: folio 807

Beutter, Höfer, Schwarzmann: Jean-Paul Sartre: Huis clos. Texte et documents. Klett 1981 *(Worterklärungen, Fragen zum Text, wichtige Zusatztexte)* Dazu: Zwei Compact-Cassetten

Fenzl, Richard: Jean-Paul Sartre: Les Mouches. Lensing o. J.

**Übersetzungen:**

Jean-Paul Sartre: Bariona oder der Sohn des Donners/Die Fliegen. Rowohlt Tb Nr. 2942 (Übersetzt von Gritta Baerlocher)

Jean-Paul Sartre: Geschlossene Gesellschaft. Rowohlt Tb Nr. 5769 (Übersetzt von H. Kahn)

**Weitere Interpretationen:**

Bishop, Thomas: Huis clos de Jean-Paul Sartre. Hachette 1975 (Lire aujourd'hui)

Jeanson, Francis: Sartre. Seuil 1977 (Ecrivains de toujours) *(Analyse des Werkes, viele Photos)*

Kohut, Karl: Les Mouches. In: Walter Pabst: Das moderne Französische Drama. Interpretationen. Erich Schmidt Verlag: Berlin 1971, S. 154–173

Lecherbonnier, Bernard: Huis clos. Sartre. Analyse critique. Hatier 1972 (profil d'une œuvre, 31)

Richter, Liselotte: Jean-Paul Sartre. Colloquium 1961 (Köpfe des XX. Jahrhunderts, 23)

**Zur Biographie Sartres:**

Biemel, Walter: Jean-Paul Sartre in Selbstzeugnissen und Bilddokumenten. Rowohlts Monographien 1964 (Einführung in Leben und Werk, reichhaltiges Bildmaterial)

*voir aussi:* L'œuvre biographique complète de S. de Beauvoir (Gallimard, folio)